股市之神

是川銀藏

投資準則與傳奇一生

呂理州

目　錄
Contents

第2章／重回日本

第3章／初入股市

第4章／幕後軍師

第5章／二戰後的危機

第6章／股市規則，預測未來

第7章／心起貪婪，股市失意

第8章／再起波瀾

推薦序
Foreword

股市之神的人生準則

趙政岷

投資股票是台灣的全民運動，台灣股市個人散戶的比例，在全世界是名列前茅！相較於美歐人民個人多不敢買股票，頂多只投資基金，大不相同。緣於台灣人寧為雞首不為牛後，致富心強烈，相信自己的判斷大有關係。但大家真的在股市發財了嗎？

我從民國七六年（一九八七年）、人生的第三份工作，開始當記者。當年是專欄記者，什麼新聞熱門就跑什麼？所以我寫過台灣股票加權指數突破一千多點的新聞，很快的三年多，就寫到了股票加權指數突破一萬點。當時上市公司家數不多，交易量到一千億就不得了了。那時股市有有主力大戶四大天王（老雷、威京小沈、榮安邱、阿不拉），佔交易量的比重高。到如今股市千億算少，天王不再，主力變成年輕散戶，加權指數已到一萬七八千點。

在股海翻騰中，大家都在尋找學習的標竿，台灣股市天王最後結局都不好，在美國巴菲特令人稱羨，如果在日本就是是川銀藏（Korekawa Ginzo）有股神之稱。

是川銀藏起起落落的大半生，縱橫股市數十年。從潦倒到成功，從谷底到高峰，屢創股市奇蹟。三十歲時他以七十日圓開始投資，一個無名小子竟躍身為叱吒風雲的日本股神。一八九七年生於日本兵庫縣的是川銀藏，一九八二年已成為全日本個人所得排行榜名列第一，一九八三年度也名列第二。

人生如股市行情，是川銀藏波瀾萬丈的一生，也是如此的寫照。他發過關東地震的財，也受過經濟大恐慌所累，宣告倒閉。他僅僅小學畢業，卻設立了「是川經濟研究所」，登上大學教壇。六十三歲時，他帶著借來的三百萬元重回股市，百發百中，股市之神因此確立，所得名列日本第一，但賺來的錢最後又全給課稅課光了。

是川銀藏於一九九二年九月過世，享年九十五歲，被人稱為二十世紀「最後之相場師」。

這本書源自我當年工商時報同事呂理州之筆，一九九六年我還在主編工商時報《經營知識》版時，理州兄是撰述委員，我們想在版面建立每天的連載文章，他選擇了「股市之神是川銀藏」。坦白講當年我根本不知道這是誰？但理州兄的筆很好，又是日本國立一橋大學經濟學部畢業，也曾任日本文摘雜誌社研究編輯。著有《日本戰後經濟史》、《改造日本的啟蒙大師：福澤諭吉傳》、《明治維新》、《上杉鷹山傳奇》、《解剖日本軍國主義》及《學校沒有教的西洋史》等書。他根據他的認識，以台灣讀者理解的語言，重編改寫了這故事傳記，我們每天七八百字連載了快一年。之後時報出版向日方取得授權出版了這本書。沒想到這書成為長銷書，遺憾的是日方版權這幾年已無法清出，應讀者要求下，我請理州兄再次改寫，完成接續了這傳奇故事。

是川銀藏曾在原書中說，他一直怕自傳公諸於世後，會讓很多人以為股市好賺，競相仿效，而成為股市的犧牲者。他最想告訴世人的是，**「靠股票致富是件幾近不可能的事。這是我的使命。」**

他小學畢業後，便到神戶的一家貿易商當學徒，十六歲時，那家貿易商破產，他決定到倫敦念書，而於當年（一九一四年）前往大連。

不巧，碰到第一次世界大戰爆發，無法取得前往倫敦的護照。於是，他改變主意，跟在日本軍後頭到青島，成為青島守備軍司令部的御用商人。周遭的人誇讚他是青年實業家，他也洋洋自得。不料，後來捐助孫文的革命軍三萬圓，革命軍慘敗，他也隨之破產，淪落為每日向債主磕頭賠罪的田地。他深深嚐到了破產的痛苦滋味。由於受不了精神上的折磨，還曾身懷手槍四處尋覓自殺場所。

一九三一年，他拿妻子幫忙籌措的七十日圓投入股市，獲得百倍利潤。這是他第一次投資股票，對三十四歲的人而言，稍微遲了點，可是他往後的股票投資卻一帆風順。是川銀藏之名因而響徹股市。

是川銀藏說：**「的確靠股票賺得一定的利潤並非絕對不可能，但那必須以極認真的態度，很穩健的方法才行。」「如果一開頭就心存藉股票或巨富，夢想成了大富翁後過著豪華的生活，以此心態做股票，必敗無疑。」**

在日本一百多年的股市歷史中，出現過許多超級主力、重量級做手？可是毫無例外地，頂多風光四五年，便從股票世界中消失，只是曇花一現，熱鬧一場罷了。這就是股市做手的命運。

是川銀藏投資股票的契機是在一九二七年，當年，他受到金融恐慌的波及，嚐到了人生第三度破產的苦汁。之後就花了三年時間，在圖書館苦讀，徹底研究日本經濟、世界經濟，及相關問題。然後以此自修的成果，分析經濟、研判行情變化。

一九七七年，他投資日本水泥，獲利三十億日圓。可是一九七九年做同和礦業，因誤失賣出時機，而一敗塗地。一九八二年以住友金礦山大賺二百億日圓，第二年因而成為全國最高所得者。但是不久就發覺，賺來的錢，全給課稅課光了。在當年日本的稅制下，他雖靠股票賺了大錢，卻留不住。

一九三三年，他以三十六歲之齡，在大阪設立了是川經濟研究所。當時周遭的人勸他拿學位。是川銀藏雖只有小學畢業，但他絕對不會輸給那些有大學文憑便以為很了得的人。

細數是川銀藏的成功哲學，他在傳記的後記中寫下：

「當別人要我簽名題字時，我總是寫下『誠與愛』。這是我的人生理想，用誠意與愛心待人處世。」

他以「誠與愛」作為自己的處世座右銘，從年輕時起，直到一生。他的工作是股票投資，在買賣股票中，度過大半人生。以做股票賺來的錢，幫助那些不幸的孤兒，是他生存的意義。

是川銀藏回想，在神戶時代那段幼時貧困的生活，成了他一生當中最好的教育。在一個節慶拜拜的晚上，附近的一位婦人前來他家買三條五錢（一錢等於十分之一角）的沙丁魚。婦人一家六口，三個大人，三個小孩。父親對那婦人說：「妳不是有三個孩子嗎？至少在這個拜拜的晚上，讓他們每人吃條魚吧！」說著，便包了六條魚遞給婦人。

他永遠也忘不了父親當時的每一個動作，每一句話。自己被房東逼得焦頭爛額，一家大小餐餐只能吃芋粥與賣剩的魚，過著如此貧困的生活，一見到窮人，竟然還把做生意用的魚免費送給人家。多麼溫暖，多麼有愛心的父親呀！

看著送走婦人的父親的背影，幼齡的是川銀藏，已深深感受到父親的偉大。他那時就想，將來長大後一定要成為像父親那樣的人。

是川銀藏終其一生的人生傳奇，毫不遜於股票市場行情起伏的精彩，他的投資祕訣無人比他更精粹，他的投資忠告比所有顧問更中肯。百發百中的市場預測與趨勢判斷，「只吃八分飽」和「烏龜三原則」，在股市叱吒風雲大半生。

你也想靠股市致富嗎？你瞭解股市的波濤起伏？你的人

生追求的是什麼？又是什麼的準則，成為你人生的指引？是川銀藏在一九九一年二月他的親筆傳記中寫道：「感謝上蒼，讓我在起起落落的波亂人生中，在股市的世界裡，做到我想做的事。雖然沒有坐擁金城，可是回故九十三年的漫長歲月，這世上大概沒有第二個人向我如此幸運吧！」

祈祝每個人都如願發大財！都能順利找到股海明燈！平安順與，圓滿人生。

前工商時報主任、現時報出版董事長

趙政岷

自序
Preface

是川銀藏（一八九七年—一九九二年）是日本股市名人。藉著投資股票，是川銀藏於一九八二年度全日本個人所得排行榜中，名列第一，一九八三年度名列第二，由此可見其投資股票的功力。

坦白地說，是川銀藏算是股市的主力（或做手），假如主力的定義是，每次買進、賣出的股數比一般投資人多很多，且有時會利用大筆買賣單來影響行情者。可是台灣的主力給人的印象大多是負面，因此，為了稍作區別，我寧願稱是川銀藏是股市「名人」。

是川銀藏起碼在下列三點與台灣的主力不同。

1. 不胡亂炒作股票。他在選擇投資標的時，不會選擇那些以籌碼少見而有名的投機股，而是挑有實質內容，將來會大漲而尚未被世人所發現的股票。這是堂堂正正的投資手法，絕非台灣的主力動輒以增資、賣地為炒作題材所可比擬。

2. 以科學的方法研究經濟、分析行情。他不僅每天收集與世界經濟、日本經濟有關的各種統計資料，以之作為研判今後一、二年經濟趨勢的根據，而且還經常到現場查看，用自己的雙眼確認。例如投資住友金屬礦山股時，他就三度搭飛機到鹿兒島縣的金礦山。這種實事求是的科學態度，也非一般主力可及。

3.賺錢不忘行善。是川銀藏於一九七九年十二月撥出私款二十億日圓，設立是川獎學財團，幫助肯上進的孤兒能夠繼續升學。二十億日圓相當於台幣四億元，若考慮物價因數，現在的價值當不止此數。台灣哪位主力有此回饋社會之心呢？如果台灣的主力也能做到上列三點，那麼，以「名人」稱呼，又有何妨？

一九九一年二月二十二日朝日新聞夕刊登出一則新聞，標題是「最後的行情師，贏不了稅」。內容大致是說，是川銀藏為了補繳過去滯納的稅金三十億日圓，而於去年賣掉位於大阪府長野市的不動產，售價約二十九億日圓。今年三月，這筆賣掉的二十九億日圓，被大阪國稅局課以六億八千萬日圓所得稅。

可是由於是川銀藏繳不起該稅款，國稅局便扣押其著作「波亂的一生」的版稅。換句話說，是川銀藏去年賣不動產，今年寫「波亂的一生」，兩者都拿不到錢，全給國稅局課光了。

最後我要感謝幾個人。首先是養育我的父母親，呂芳起先生與三井菊子女士；其次是照顧我生活起居的妻子，劉千瑤女士；以及熱心促成此書出版的時報文化出版公司的趙政岷董事長。

第1章

啟程

少年是川銀藏

是川銀藏十四歲時，小學剛畢業，就到神戶一家貿易商「好本商會」當學徒。家中有四個孩子，是川銀藏是老么。上面的六位兄姊為了幫助家計，都是小學一畢業，就出外賺錢，是川銀藏自然也不例外。

好本商會的營業內容主要是以英國為對象，輸入毛織物，輸出日本的手藝品。

是川銀藏每天六點起床，掃地、灑水，八點以後便開始送貨，不送貨時，就幫職員們倒茶、買香菸，從早忙到晚。是川銀藏總是一邊工作，一邊想：「我現在雖然只是一個小小的學徒，但是將來一定要征服天下！」

當時，閱讀朝日新聞的連載小說《豐臣秀吉》是是川銀藏工作後唯一的享受。豐臣秀吉出身貧農之家，最後卻統一日本，他的豐功偉業令是川銀藏深深感動。是川銀藏心想：「豐臣秀吉是人，我也是人，豐臣秀吉做得到的，我也應該做得到。」

於是，是川銀藏拼命吸收知識，從珠算、簿記、會計，到社會、經濟，每天用功到深夜。

一九一四年，好本商會因為負債過多而破產。眼看著老闆為了湊錢而四處奔波，債主則惡行惡狀地上門討債，是川銀藏深深體驗到破產的悲哀。

是川銀藏心想：「再怎麼拼命工作，如果是被人雇用，而公司倒閉的話，就失業了。再找個工作，又倒閉的話，就又失業了。人生這麼短暫，如此不斷倒閉、失業下去，何時才能征服天下？」

當時，好本商會倫敦分店長小西保夫的事跡也影響了是川銀藏的想法。小西保夫小學沒念完，就因家貧而被迫輟學出外賺錢。但是他一邊工作，一邊在中學念英文。後來應徵到日本郵船上打雜。第一次航海是到倫敦，他一上岸就沒回船。

原來他是有計畫地「免費」搭船到倫敦。在倫敦，他白天工作，晚上念夜間大學。後來與到倫敦出差的好本商會老闆好本督邂逅，好本督很賞識他的才能，便請他負責好本商會倫敦分店的業務。

是川銀藏心想：「好！趁這個機會，我也要到倫敦念書。小西是搭船去，我嘛，就坐火車走西伯利亞鐵路，經過俄國，進入歐洲。」

不顧雙親與兄姊們的反對，是川銀藏帶著在好本商會工作三年所得到的退職金二十日圓，從神戶搭船到滿州的大連，準備再從大連坐西伯利亞火車。

當時是一九一四年，是川銀藏一六歲。

做軍隊的生意

從神戶到大連的船資要十二日圓，再加上雜七雜八的開銷，抵達大連後，是川銀藏身上帶的退職金二十日圓只剩下五圓二角七錢。為了賺取到倫敦的旅費，是川銀藏只好暫時到大連的井上商店工作。

井上商店是好本商會的大客戶，是川銀藏在好本商會當學徒時，井上商店的老闆井上先生就很疼愛是川銀藏。

井上夫婦沒有孩子，因此當是川銀藏告訴他們要前往倫敦的計畫時，夫婦倆苦口婆心地勸是川銀藏留下，當他們的養子。可是是川銀藏的一顆心早就飛到倫敦去了。

然而，事與願違，就在是川銀藏盤算如何早日離開大連前往倫敦時，第一次世界大戰爆發了，整個歐洲與俄國都被捲入戰火。是川銀藏的倫敦之旅當然被迫中斷。

日本也加入第一次世界大戰，並且計畫對駐留在青島的德軍採取軍事行動。日軍陸陸續續地抵達大連，準備在大連集合完畢後，渡過渤海灣攻擊山東半島的德軍。

看到這個情形，是川銀藏打定了一個主意，那就是做軍隊的生意。

是川銀藏把這個想法告訴井上商店的老闆，他吃驚地幾乎跳起來。

「哪有人到戰場去和軍隊做生意？何況你還是個小孩子，誰會理你？」

井上先生雖然拼命挽留，可是是川銀藏心意已決，帶著井上先生給的十圓薪資，尾隨日軍之後，渡海前往山東半島。

智鬥惡犬，橫越山東半島

日軍在山東半島的龍口上岸，預定休息數日後，便行軍橫越山東半島，直抵攻擊目標——青島。

是川銀藏一到龍口，就去日軍營地。

「什麼都行，有什麼生意可以讓我做？」

可是，再怎麼拜託，換來只是一頓責罵。

「有沒有搞錯？這裡是戰場！小孩子不能在這裡閒晃，趕快回內地（日本）去！」

是川銀藏無計可施，而日子一天天過去。不久，日軍拔營，前往膠州灣的青島。龍口街上只剩下是川銀藏一人。此時是川銀藏口袋裡的錢也花光了。這樣下去，勢必餓死路旁。是川銀藏心想：「這下子，只好去追日軍，只要追上，對方念在同胞之情，就不至於讓我餓死。」

龍口到青島有二百五十公里，徒步行走得花十多天。是川銀藏身無分文就出發了。

沿路都是在山中行走，幾乎找不到村落。途中最可怕的是山中的野犬。牠們虎視眈眈，無時無刻想找機會襲擊是川銀藏。是川銀藏怕得連晚上都無法安心睡覺，體力一天比一天虛弱。是川銀藏心想，再這麼下去，遲早會被野犬咬死。

後來是川銀藏想出一個對付野犬的方法，找了一條長約十五公尺的繩子，一頭綁在石頭上，一頭握在手中，然後拖著石頭走。這樣野犬的注意力就集中在咯答咯答響的石頭，野犬只會攻擊石頭，不會攻擊是川銀藏。

夜晚，是川銀藏就爬到樹上或鑽到洞穴裡睡覺。看到中國人種的瓜果蔬菜，便偷摘來充飢，不過由於沒洗，只在衣服上擦二下便吃，因此連瀉了幾天肚子。

是川銀藏的身體依舊一天比一天衰弱，最後幾乎走不動。他半爬半走，心中想，死期近了。此時，忽然看到前面有一村莊，而村莊的入口處正飄揚著一面太陽旗。他又走了幾步，實在撐不住，便昏倒在地。

醒來時，他發覺躺在醫務室的床上。身體狀況恢復後，他被帶到憲兵隊，接受嚴厲的盤問。

「像你這種人，在大陸四處流浪，最後一定會變成強盜！」

「日本的軍用船下次來的時候，就把你送回內地。在那之前，你就到廚房幫忙吧！」

就這樣，是川銀藏被派到廚房工作。一天三餐總算有了著落。可是軍用船一到，他就會被送回日本，如此一來，他冒著生命危險，歷盡千辛萬苦才到這兒，豈不空忙一場？因此他打定主意，一定得設法留下來。

成為軍隊主計

日本的軍用船預定於十二天後抵達，因此他必須在那之前，在軍中找個正式工作。

他一面在廚房工作，一面觀察軍中情形。結果發現，在日軍住宿的村莊裡，每晚熄燈時間一到，其他房子都熄燈，只有一棟房子還燈火通明。是川銀藏稍微偷窺了一下，才知道那是主計室。

主計室內坐著三、四個軍人，正在撥算盤，桌上則堆滿了傳票。他們撥算盤的動作極為笨拙，一看就知道是生手。

這個光景給了是川銀藏一個靈感。

他馬上回到廚房，泡幾杯熱咖啡，端到主計室。

「各位長官辛苦了，每天工作到這麼晚，喝點咖啡吧！」

是川銀藏捱到一個適當時機，又說：「各位長官好像不善於打算盤，讓我幫忙好嗎？」

他在神戶的好本商會時，自己學會了簿記與珠算。

「你算盤打得很好嘛！」

看是川銀藏靈巧地撥打算盤，主計少尉很佩服的樣子。

「明天起，你不用再去廚房幹活兒，來這兒工作就行了！」

原先在廚房打雜時，一毛錢也沒得領，現在被日軍主計室聘用後，月薪一日圓。而且過去主計室三、四個軍人需花一天整理的帳簿和傳票，是川銀藏只要半天就解決了，因此頗得主計室長官的歡心。

是川銀藏看時機已經成熟，便告訴主計少尉：「過幾天軍用船抵達後，我就要被送回日本了！」

「不用擔心，我會幫你處理這件事。」

果然不久之後，是川銀藏被通知可以留下來。

小山洋行

主計室的工作半天就結束了，因此是川銀藏就思索如何利用剩下的時間做生意。

某天，他向主計少尉要求：「長官，我們的軍隊每天都向中國人採購魚、肉、蔬菜，可不可以把一部分的採購業務交給我做，我採購的話，會更便宜。」

「那麼有自信的話，就做做看！」

是川銀藏向日本軍借了三日圓資金，到中國人居住的村莊去採購。

結果由於中文講得太差，對方又看他只是個十六歲的少年，因此根本不理他。

回到軍營後，是川銀藏找來了三名較熟悉的軍人，給他們一人一包香菸，說：「各位長官，麻煩跟我走一趟中國人村莊，好嗎？」

三名軍人帶著武器，乘上馬車，和是川銀藏再度前往中國人村莊。村裡的中國人一看到他們，立刻做鳥獸散。

是川銀藏進入一戶人家，見牆角有很多雞蛋、蔬菜，便請軍人統統搬上車子。然後估算一下大約的價錢，把錢擺在桌上。

逃走的中國人其實一直躲在暗處觀察他們的行動，起先看到他們將東西搬上車子，一定在心中大罵是強盜行為，後來發現桌上有錢，便知道不是那麼回事。

是川銀藏在桌上擺錢的事，在中國人中，一傳十，十傳百。此後，中國人就很願意和是川銀藏做生意。當然，是川銀藏已經不需要軍人陪他去採購了。時間一天天過去，是川銀藏的生意也越做越大，除了替日本軍採購糧食之外，還替前線部隊搬運各種軍需物質。在是川銀藏指揮下的運輸用馬車有一百多輛。

一九一四年，日本軍成功佔領了德國的租借地青島。是川銀藏隨著日本軍進入青島後，立刻設立了貿易公司「小山洋行」。

是川銀藏原名「小山銀藏」，因此貿易公司就以「小山」為名。「是川」這個姓，是是川銀藏一九一八年與妻子豐子結婚時，入贅到豐子家而來的。

「小山洋行」的營業內容，主要是把中國的落花生、桐木輸到日本，再將日本的雜貨類輸到中國。另一方面，仍舊繼續替日軍採購各種軍用品。

日軍佔領青島後，很多軍人因為從緊張的戰爭生活中解脫，便每天耽於逸樂。不久青島街上就充斥著來自日本的藝妓與日本料理店。是川銀藏因為做軍方生意之故，每晚都在高級料亭，招來藝妓，宴請將校老爺。對方如果示意，還得塞錢給他們。

這樣胡搞一陣子後，引起同行的忌妒，一狀告到憲兵隊去。

一天清晨，是川銀藏還在睡覺，一名憲兵來把他帶走，關進牢裡。罪名是涉嫌賄賂軍官。

不久，憲兵隊就發覺是川銀藏是個燙手山芋，因為在問訊時，是川銀藏抖出了青島司令部一位高級將官的名字。憲兵隊萬萬沒有想到這件案子竟然牽扯到這麼高的層次。而且當憲兵隊照會了日本的戶政機構之後，才發現是川銀藏竟然尚未成年！結果，憲兵隊以證據不足，釋放了是川銀藏。

憲兵隊固然很驚訝一個未成年者會搞出這麼大的賄賂案，是川銀藏也因被逮捕、監禁而飽受驚嚇。

憲兵隊釋放是川銀藏的時候，負責調查此案的崗村中尉對是川銀藏說：「小山，我們調查了你的過去，知道你是個有才幹又肯努力的人，既然如此，就應該把你的聰明才智用在正途，絕不可走旁門左道。記住，以後不要以不正當的手段賺錢，要走正道！」

崗村中尉的諄諄教誨，令是川銀藏良心深受苛責而淚流不止。是川銀藏一面向崗村中尉道謝，一面心中暗下決定，以後絕不再以旁門左道的方式賺錢。

為了重新出發，是川銀藏把「小山洋行」以及所有的存款都讓給「小山洋行」的掌櫃，三天後，搭船回日本。

一厘錢的商機

身無一文地回到日本後，是川銀藏找不到什麼工作，心想：待在日本，看似沒什麼發展，不如回中國重起爐灶。

畢竟青島的往事仍舊鮮明地留在是川銀藏的腦中。於是他又踏上中國之旅。

回到青島後，是川銀藏四處打探，看有什麼生意可做。結果，聽到一件有趣的事情。當時中國的主要通貨是一厘錢。由於每年鑄造，因此發行餘額年年增加。而奇怪的是，沒有人願意把錢存在銀行，而是藏在家裡，一些大戶人家的地下室，一厘錢堆得像山一樣。

原來當時袁世凱與孫文正在爭奪政治主導權，政局非常不穩，因此大家寧願把錢放在家裡，較為放心。

聽到這項資訊後，是川銀藏腦中立即靈光一閃。

「就是這個！」

當時，第一次世界大戰正打得火熱，非鐵金屬因為供不應求，價格不斷暴漲。而一厘錢是鋅、鉛與銅的合金，如果能收購到大量的一厘錢，予以溶解做成金屬塊……。

青島的日本人那時候是使用一圓銀幣。而一圓銀幣與一厘錢的交換率，市面上是一枚一圓銀幣對一千枚一厘錢。但是如果把一千枚一厘錢溶解做成金屬塊，則可賣到二圓到二圓五角的價錢。

中國的法律雖然規定「改鑄、買賣、搬運通貨者處死刑」，但是那時日本人在中國享有治外法權，不受中國的法律規範。

是川銀藏立刻邀來了三個過去相識的中國人，請他們四處蒐集一厘錢。市面上交換率是一枚一圓換一千枚一厘錢，是川銀藏的交換率是一圓換九百枚一厘錢，剩下的一百枚當作報酬，給跑腿的中國人。

過去，是川銀藏曾經出資在青島郊外設立一家鐵工廠，一厘錢就趁著黑夜一車車地運往鐵工廠溶解，然後製成金屬塊輸到日本。如此左手進右手出，沒多久，是川銀藏又賺了一大筆錢。

不過，人生就像股市行情，高山之後必有深谷，尤其是是川銀藏的人生，這種現象特別明顯。

資助軍隊三萬日圓

日本對中國提出二十一條要求以來，由於袁世凱受不了日本的得寸進尺，於是展開排日運動。因此日軍轉而支持孫文，期望孫文能打倒袁世凱政權。

有一天，青島守備軍的一位參謀中佐前來找是川銀藏，談到孫文從滿州帶來三百個強盜，由青島守備軍施以軍事訓練，並供給武器彈藥，準備成立一支革命軍。

可是，這三百個強盜在訓練期間不能沒飯吃，而日軍又沒這筆預算，因此，參謀中佐希望是川銀藏能出錢。

「要多少錢？」

「三萬日圓就夠了。」

當時的三萬日圓相當於現在的五億或六億日圓，這麼一大筆錢，是川銀藏當然不能平白掏出。

「出錢可以，但是我有什麼好處呢？」

參謀中佐看了看周遭，確定沒人，便壓低聲音說：「過幾天，革命軍會去攻擊青州。青州的政府軍是由傭兵組成，不堪一擊，因此攻擊行動十拿九穩。待青州佔領成功後，那裡的一厘錢生意就由你獨佔。」

青州自古就生意鼎盛、大戶雲集，由於政局不穩，那裡的大戶都把一厘錢藏在家裡。若能在青州獨佔這門生意，錢就賺不完了。

「好吧！」

第二天，孫文的祕書前來取走三萬日圓。

數日後，參謀中佐又來，說：「今夜就要攻擊青州城，要不要一起去看？」

身為革命軍的後台出資老闆，能夠目睹勝利的果實，當然不壞。於是，是川銀藏就跟著參謀中佐到青州。途中，參謀中佐說：「中國政府軍有一千數百名，革命軍雖然只有三百名，但是政府軍缺乏戰意，革命軍卻都是殺人不眨眼的強盜出身，所以這場仗贏定了！」

眼看參謀中佐信心十足，是川銀藏不禁陶醉在勝利的氣氛中。

不料經過激戰，戰敗的竟然是革命軍，而是川銀藏的三萬日圓投資也盡付流水。

跌落谷底，重新出發

是川銀藏埋首於一厘錢生意。可是那年德國皇帝向美國總統威爾遜表明講和之意。消息傳出後，世人認為第一次世界大戰已經接近尾聲，非鐵金屬的行情立即大暴跌，是川銀藏的金屬塊當然找不到買主了。

三萬日圓的損失，加上一厘錢生意的失敗，是川銀藏的事業終於宣告崩潰。他帶著手槍在街頭徘徊，想找個地方一死了事。但是他很難丟下雙親不管，自己一死了之。可是他又受不了向債權者磕頭賠罪的屈辱感。就這樣在兩種矛盾的思緒中煎熬了好幾天。

某天清晨，看見東方天空已趨淡白，浮現曙光。是川銀藏突然想通。人生起伏如高山深谷，他現在雖然跌入谷底，可是只要努力，接下來就是通往高山之路。

第二天，在債權者會議席上，是川銀藏交出了所有的財產，並且磕頭賠罪。債權者知道是川銀藏只有十九歲時，都很驚訝，不但沒有過分責備，還鼓勵他東山再起。

一九一六年，是川銀藏再度赤手空拳，帶著父母返回日本。返回日本後，是川銀藏起起伏伏的人生並沒有變平淡，相反的，有更大的波濤等著他！

第2章

重回日本

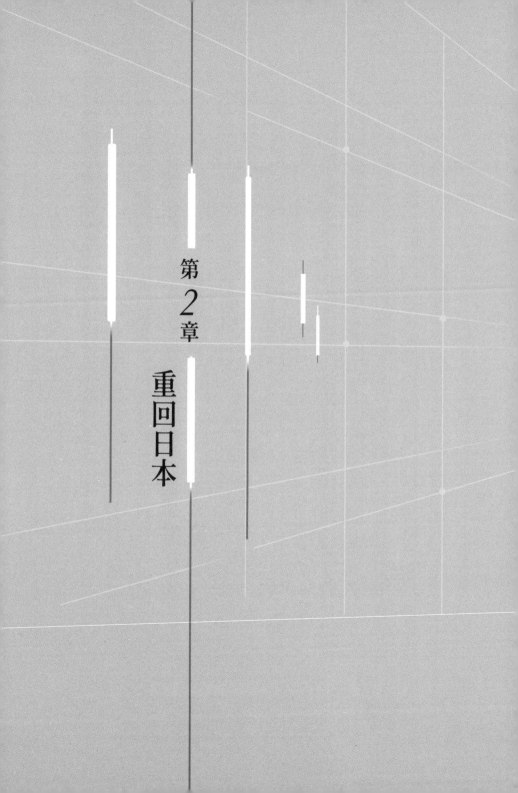

巧計躲兵役

返回日本半年後，是川銀藏興起了前往東南亞的想法。當時年滿二十歲的男子必須接受徵兵體檢。父親知道是川銀藏想去東南亞，便說：「銀藏如果被徵去當兵，東南亞就去不成了。」

那時候的人認為當兵是一件光榮的事，沒當兵的男人沒有出息。但是是川銀藏卻不這麼想。是川銀藏認為像他這樣的人，如果被徵去當兵，扛著槍上戰場，反而是國家的一大損失。因此為了避免當兵，是川銀藏就去找一位醫生商量。

「你看我的體格是甲等還是乙等？」甲等是徵兵及格，乙等是候補，丙等是不及格。

經過一番診視後。

醫生說：「你的體格是甲等。」

「有沒有什麼方法可以不用當兵？」

醫生說：「你必須找個有你親戚住的地方，而且那地方的人必須非常健康。」

「我有一個表哥住在漁村，村裡的年輕人成天捕魚，身體很強壯。」

「那就把戶籍遷過去。你雖然體格好，但是畢竟比不上他們。在那裡體檢的話，很可能會被評為乙等。」

果然，徵兵體檢時，是川銀藏被評為乙等。

三次經營工廠

父母知道是川銀藏不用當兵後，非常失望。他們不願是川銀藏到東南亞，怕他出外闖禍，便和是川銀藏的姊夫商量，想找個工作絆住是川銀藏。

是川銀藏的姊夫在神戶經營一家專門輸出貝殼鈕扣的貿易公司，因此就建議是川銀藏開一家製造貝殼鈕扣的工廠。

於是是川銀藏開始經營製造貝殼鈕扣的工廠。可是做了一年之後，就再也做不下去。當時日本的海運業盛況空前，因此鋼鐵的價格飆漲。是川銀藏便打定主意到大阪去做鋼鐵的仲介商。

到了大阪後，是川銀藏開始到處搜購廢鐵。蒐集了五十噸後銷售出去，賺了六千日圓。當時的六千日圓相當於現在的六千萬日圓。

那時，是川銀藏認識了一位從德國引進鋼鐵壓延技術的朋友。

「與其只是買賣廢鐵，倒不如將廢鐵壓延加工後再出售，利潤更大。」

是川銀藏對新鮮事一向不落人後，便立即接受了朋友的建議。

一九一九年，是川銀藏二十一歲時，在大阪設立了一家延鐵工廠。第二年又買下一家鍍鋅工廠。

健康之道

延鐵工廠的環境很糟，是川銀藏待在工廠的時間又很長，因此每天一到下午，他就發燒且渾身無力。只好去找醫生。

「是肺結核。最好能馬上找個安靜的地方長期靜養。」

因此，是川銀藏便找個醫院暫時住院治療。

躺在病床上，是川銀藏成天思考，同樣是人，為何有人早死，有人晚死？人的生命究竟是怎麼一回事？

於是是川銀藏就請妻子幫他買了一些醫學書。其中一本翻譯書讓他受用無窮，內容是二位美國醫學者研究人類生命後所寫的報告。結論是：人類只要能順著自然的法則而生活，就能活到一百歲以上（是川銀藏活到九十五歲，也算長壽！）。一般人之所以只能活到七十歲或八十歲，是因為過著違反自然法則的生活之故。

書中還說，破壞人類生命最大的元兇是酒，其次是梅毒；而在飲食方面，應以蔬菜、水果、穀類為主食，肉類盡量少吃。

是川銀藏過去一向嗜吃肉類，蔬菜幾乎不碰。看完那本書之後，便改吃素食。而且任何蔬菜都不煮熟，只用鹽水洗過生吃。

是川銀藏開始實踐這種遵守自然的生活，三個星期後，體溫已恢復正常。

購買鐵板發大財

一九二三年九月一日中午，是川銀藏正要打開便當時，突然發生地震。

下午二點，新聞的號外出來了。斗大的標題寫著：「橫濱地震，海嘯可能來襲！」

這是日本史上空前絕後的大災難——關東大地震。在一剎那間，死了九萬一千人。

新聞號外雖然只提到橫濱，可是是川銀藏馬上判斷：東京也全毀！

是川銀藏把所有的員工叫來，給他們每人五、六張支票，要他們不計任何代價去搶購馬口鐵板、白皮鐵板和鐵釘，而且數量越多越好。員工還搞不清楚是怎麼一回事。

「買那麼多，沒關係嗎？」

「別問了，趕快去買！」

東京緊鄰橫濱，假如地震震毀橫濱，那東京也難逃一劫。東京人口密集，災後重建的需求必定很大，而所謂災後重建，初期一定只是暫時建個簡單的木屋應急，因此建這種木屋的材料——馬口鐵板、白皮鐵板和鐵釘等，勢必成為搶手貨而急速暴漲。

事不宜遲，是川銀藏將員工們趕走後，自己飛奔到一家熟識的馬口鐵板批發商店。

「老闆，你這裡馬口鐵板的庫存還有多少？」

「大概還有二萬個。」

「全部賣給我吧！」

老闆一臉狐疑，不知是川銀藏一口氣買這麼多，有何用意。

「都賣給你，我生意怎麼做？」

「你再進貨不就行了？」

老闆還是猶豫不決。是川銀藏不想花太多時間和他交涉。

「這樣好了，你既不願全部賣我，那一半如何？」

結果以每個六角，買了一萬個，共六千日圓。

填寫支票時，老闆一再詢問：「為何突然買這麼多馬口鐵板？」

是川銀藏來商店的途中，便料到老闆會這麼問，因此理由都想好了。

「一位在朝鮮搞建築的朋友，最近接了一件大工程，需要數萬個馬口鐵板，就託我購買。」

回公司途中，在街上看到第二張號外，內容是：「關東大地震，東京全毀，死傷無數……」

是川銀藏心想，果然不出所料。

剛回到公司，批發店老闆就氣喘如牛地跑來，手上還拿著第二張號外。

「是川先生，你太狠了吧！」

「是你自己反應太慢了，當我看到第一張號外報導橫濱大地震時，就判斷東京也會發生同樣情形。」

關東的地質屬於沖積層，很不耐震，如果橫濱發生大地震，那麼離橫濱不到四十公里的東京，當然也在劫難逃。

是川銀藏向批發店老闆這麼說明時，老闆雖然一直點頭，可是卻仍舊是一副心不甘情不願的表情。

批發店老闆覺得在這種情況下，以每個六角的價格出售，未免吃虧太大，因此要求取消契約。

「求求你高抬貴手一次吧！」

是川銀藏實在熬不過對方糾纏，最後只好把一萬個馬口鐵板減為五千個，這才將他打發走。

就這樣子，是川銀藏出動了整個公司的人力，把大阪市可以買到的建材，以支票全部買來。問題是支票的支付日期是明天，而是川銀藏根本沒有那麼多存款！

果斷的決策行動

是川銀藏立即打電話給野村銀行的經理，約好下午四點見面。見面後，是川銀藏把事情的始末告訴經理。

「明天，那些業者就會拿支票到銀行領錢，到時候希望貴行能照額支付。」

「你在敝銀行的存款還有多少？」

「嗯……」

經理凝視是川銀藏的臉，陷入沉思。

「我絕不會給你惹麻煩，過了今夜，馬口鐵板一定暴漲，因此這件事絕不會出差錯，請你務必給我融資。」

「好吧！」

接著，似乎想到什麼。

「你今年幾歲？」

「二十六歲。」

「啊！？」

經理驚叫一聲，整個人差點沒跳起來，然後喃喃自語說：「好可怕的男人！」

「好，就給你融資吧！不過以後可不要再幹這麼大膽的事喔！」

第二天，不出是川銀藏所料，前一天以六角買的馬口鐵板，一下子暴漲到五圓，漲了將近十倍。

是川銀藏沒有做什麼傷天害理的事，只是反應比別人早，動作比別人快而已。換句話說，是川銀藏只是遵守了作生意的鐵則。

不過，這畢竟是因為別人的不幸賺來的錢，因此是川銀藏把利潤的一半，捐給了大阪市。

金融大恐慌，公司破產

一九二七年三月十四日，當時的大藏大臣（財政部長）在眾議院答覆質詢時，說：「今天中午，東京渡邊銀行終於撐不下去了！」

當時日本的經濟很糟。大藏大臣在國會的一席話，造成翌日的瘋狂擠兌，東京渡邊銀行只好宣布停業。

這是日本史上空前的金融大恐慌。總計從一九二九年一月到五月，共有三十七家銀行宣布停業。

當時，是川銀藏與三家銀行有來往，而命運之神真會作弄人，是川銀藏存錢的二家銀行在金融風暴中不支，是川銀藏貸款的野村銀行卻通過試煉。是川銀藏的公司因此破產。

寒窗苦讀與家人的信任

一九二七年，是川銀藏經營的公司終於破產。他帶著妻子與四個孩子從大阪搬到京都。

在京都三年的貧困生活中，是川銀藏每天一早出門，到圖書館遍讀與經濟有關的各種書籍。

在這期間，是川銀藏沒有分文的收入，只好靠典當維生，後來能夠當的東西都當光了，只好向親戚借錢。妻子和孩子未曾抱怨過這種生活。

妻子有時還會告訴孩子：「爸爸現在雖然窮困潦倒，可是將來一定會出人頭地！」

是川銀藏沒錢吃午餐，因此中午一到便猛喝水，把胃撐飽。

是川銀藏為了尋找未來生存之道而拼命苦讀，每天從圖書館回到家後，就將白天吸收到的知識，整理成筆記，一直工作到十二點、一點才就寢。

這樣的生活持續三年，瘦了十公斤，可是卻逐漸感覺思路通了！

由於家貧，女兒在學校常被同學嘲笑，可是她一點也不自卑，還說：「他們瞧不起我，成績卻沒我好，而且我的父親不是普通人，現在雖然窮，但是不會一直窮下去！」

沒有絕對的經濟低谷

是川銀藏發覺馬克思、列寧的理論，並沒有把握住經濟的實態，只是往理論的牛角尖鑽。

資本主義的經濟變動有一定的韻律，像海浪般，有波峰也有波谷。是川銀藏的結論是資本主義絕不會崩潰。

當經濟由波峰往下跌時，並不會永無止境地下滑，在跌的過程中，就已經逐漸蓄積將來要上升的能量。相反的，經濟由波谷往上升時，也不會升個不停，因為在上升的過程中，就已經逐漸蓄積將來要下跌的能量。

每一個經濟變動的波，其大小並不相同，這得看當時國內外的政經環境而定。

「經濟不會永遠繁榮，也不會永遠衰退」，這才是資本主義經濟的本質。此外，是川銀藏又發覺經濟變動的韻律會反映在股市行情上。

既然如此，何不把這三年嘔心瀝血的所得，應用到股票世界呢？是川銀藏下定決心投入股市，試試看這三年修得的功夫靈不靈光。

第3章

初入股市

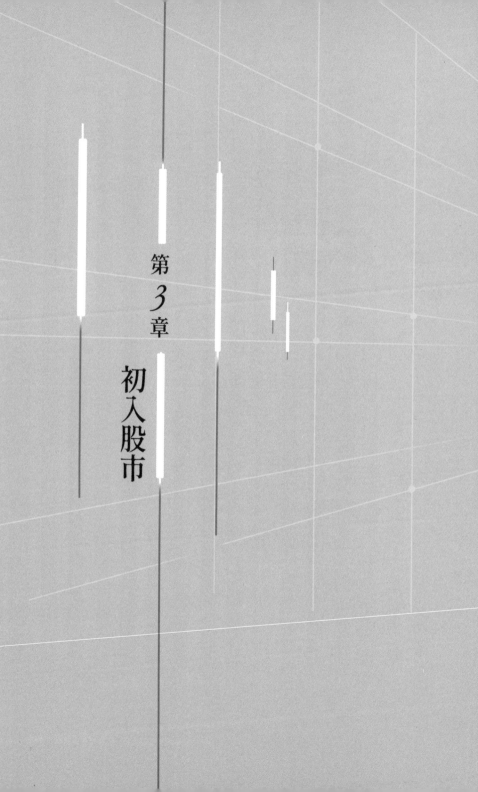

七十日圓的本金

當是川銀藏發現資本主義的物價變動與股價變動有一定的法則時，曾經考慮回到企業界。可是左思右想，覺得重新創業太費事，不如活用所學，到股市這個「天下第一賭場」去一決勝負。

當時的股市，成交額的百分之八十屬散戶買賣，法人機構的買賣很少，因此股市行情的漲跌自然深受散戶的影響。

可是在是川銀藏眼中，那些散戶的投資手法很幼稚。他們不懂用科學方法分析經濟，經濟知識也非常膚淺，頂多看報上的消息做買賣依據，判斷力很差。

「以這些散戶為對手，這場仗贏定了！」

當是川銀藏知道一般散戶的投資斤兩時，心中暗自歡喜。

不過是川銀藏雖然下定決心到股市一搏，手上卻沒有半點資金。公司倒閉三年以來，沒有任何收入，還得養育四個孩子，靠著典當與借錢勉強捱到現在。如今，家中沒有任何可以典當的東西，連借錢的對象也找不到了。

是川銀藏實在不知道從哪裡可以找到錢，只好向妻子求助。

「我想做股票，可是沒本錢，妳可不可以到哪裡借些錢來，多少都行，拜託拜託。」

三年來，是川銀藏的妻子，衣服一件件拿去典當，因此這時候衣櫥內已經找不到她的衣服。而是川銀藏卻提出這種要求，未免強人所難。

但是此時是川銀藏的妻子只是凝視著是川銀藏。

數日後。

「這是我所借到的錢，拿去做你想做的事吧！」

是川銀藏的妻子把七十日圓遞給是川銀藏。是川銀藏不知她是如何借來的，她也閉口不談。

當時，股票的買賣單位是十股（現在是一千股），而要買賣十股，必須有二百日圓的保證金。問題是是川銀藏只有七十日圓，再向妻子要錢嗎？太沒天理了！有七十日圓，足夠了，剩下就靠自己設法。

投資順遂，門庭若市

是川銀藏拜訪大阪股票交易所的經紀人福田堅一郎。

福田姊姊的女婿，過去一再向是川銀藏借錢並拖欠未還，使延鐵公司損失了數千萬圓，這也是公司破產的原因之一。那時福田帶著他到是川銀藏那兒賠罪，因而認識。因此當是川銀藏決定到股市闖天下時，是川銀藏立刻想起這個人。

「我要用這筆錢作股票。」

是川銀藏掏出七十日圓，放在桌上。

「最低保證金要二百日圓，只有七十日圓，怎麼行？」

但是是川銀藏態度堅決，福田堅一郎無奈地說：「起碼交一半吧！」

「不行，不要說一半，多一圓我也湊不出來！不夠的部分你就幫我墊吧！」

「這樣我很為難。」

「你的薪資不是很高嗎？對你而言，三十圓應該不算什麼。」

當然，是川銀藏也沒忘記提醒他，當年他姊姊的女婿害是川銀藏損失多少錢，與那相比，三十日圓實在微不足道。

「好吧！」

福田見是川銀藏提起往事，只好點頭。

就這樣，是川銀藏開始了投資股票的人生。當時他三十四歲。是川銀藏股票做得順利無比。當時是川銀藏一家六口每個月的生活費要一百日圓，而他拿七十日圓本錢投入股市後，不但能每月交給妻子一百日圓，而且本錢還越來越大。到那年年底，七十日圓本錢已經變成七千日圓，足足增加一百倍！

大阪的股票市場出現了一位不可思議的人物，無論買進或賣出，都百發百中——這樣的消息逐漸在大阪的股票市場傳開，甚至傳到東京股票市場。

沒多久，是川銀藏家就門庭若市。

絡繹不絕的訪客不是登門求教投資祕訣，就是要他擔任公司顧問。

在這些訪客中有一個人，有一天對是川銀藏說：「先生，我替您籌設了一間事務所，勞駕您去看看。」

事務所在一棟樓房內。一進門，就有三個人走過來，做九十度鞠躬，說：「先生，請讓我們在這兒工作，做事務員，拜託！」

「你們跟誰拿薪資？」

「不會跟先生拿。」

「那還用說！我又沒有答應要雇用你們。」

「幹事告訴我們：股市最近出現了一位了不起的人物，你們跟在他身邊學習，一生受用不盡。所以我們三天前就到這裡來。」

一九三三年，「昭和經濟研究室」就這樣成立。會員十名。是川銀藏在圖書館苦讀三年後，日本及世界的各種經濟指數、走勢圖等，都已經深深印在腦中。每天，是川銀藏邊看報紙，邊預測三年後的經濟動向，然後預估上市公司的未來業績。

會員們很滿意是川銀藏對各種經濟問題的解說，照是川銀藏的指示買進股票，全部百發百中。因此，他們簡直把是川銀藏當成神了。

登上大學講座

不久，是川銀藏將「昭和經濟研究室」改名為「是川經濟研究所」。是川經濟研究室的研究員，也就是是川銀藏的學生，最盛期達五十人。

研究員平常各自做自己的研究，到了星期六下午，便齊聚一堂，聽是川銀藏講課。是川銀藏以當時的時事為素材，教他們如何分析政治、經濟問題。

有些研究員白天在研究室工作，晚上在大學夜間部念書，學費由是川銀藏出，西恒菊三就是其中之一。

有一天，西恒菊三的主任教授古川武博士到研究室指名要見是川銀藏。

「先生，西恒菊三實在很優秀。只有他的考卷，我不知道要給幾分才好。我來寫的話，也寫不出那麼有水準的答案。我問他，如何寫得出那種答案。他說是是川經濟研究室的是川銀藏先生教的。因此我一直想來拜望先生。我厚顏提出一個請求，希望您每星期六的講課，也能讓我旁聽。」

「這怎麼行？你是名門大學的教授，這樣太失禮了！」

古川武博士果然跑來旁聽。不久。

「可不可以請先生每個月到敝校講課一、二次？我想讓學生也能聆聽先生的高論。」

結果在古川武博士的堅持下，只有小學畢業的是川銀藏，每個月二次，登上大學的講壇。

料中美國停止金本位制，卻是禍不是福

一九三二年，日本佔領滿州。關東軍扶植溥儀，宣布獨立，成立滿州國。日本的軍事色彩越來越濃，一步步捲入太平洋戰爭的漩渦中。

一九三三年的日本股市與當時的世界局勢一樣，處在狂風暴雨中。自年初起，股價連跌了三個月。

國際聯盟表決要求日本取消滿州國。日本的代表松岡洋右大使立即抗議退場，宣布退出國際聯盟。美國則發生金融恐慌，使股市更加下跌。

時代雖然動盪不安，是川銀藏的判斷卻奇準無比。

美國於一九三三年四月放棄金本位制，是川銀藏於二個月前就料中了。

社會上有那麼多人每天都在研判最新趨勢，為何只有是川銀藏料中呢？因為他研判經濟的方法與他人完全不同。

當時紐約聯邦準備銀行每個星期五都會發布紙幣發行量、存款餘額與金的保有量。是川銀藏收集了這三項統計數字二十年來的資料，然後拿每個星期的最新數字與其比較。

實施金本位制的國家，都會在法律上規定黃金準備若不及紙幣發行額的百分之多少，便必須停止金本位制。在美國，這個數字是百分之四十。

是川銀藏密切注意紐約聯邦準備銀行每周所發表的三項統計數字，發現黃金準備比率不斷減少。然後再觀察星期一紐約外匯市場及銀行的動態，得到一個結論：「這個星期三，黃金準備比率極可能跌破百分之四十。如此一來，美國便會立即停止金本位制。」

毫無疑問，美國一旦停止金本位制，必定嚴重影響日本股市。

是川銀藏打電話給證券商，要他們立刻賣出他的全部持股。

一九三三年，羅斯福一就任美國總統，就實施刺激景氣的新政。

「美國決定廢止金本位制，紐約股市休市……」

外電突然傳來這個石破天驚的消息，股市立刻陷入恐慌狀態。

是川銀藏無股一身輕，心中暗自歡喜。如當初所預料，股市果然大暴跌。可是股市第二天休市，第三天也休市。是川銀藏感覺有點壞的預兆。

按照當時的規定，融資者必須繳百分之二十的保證金給證券公司，股價若跌到一半時，剩下的百分之三十就得由證券公司代繳。

此時，賣單蜂擁而至，買方則無人敢接。在這種情況下，股價豈止會跌一半？因此證券交易所如果放手不管，任市場交易繼續進行的話，所有的證券公司就得代繳百分之三十的股價，而面臨破產的危機。當然政府不會坐視，休市在所必行。

可是這對是川銀藏而言，卻是禍不是福。眼睜睜地看著煮熟的鴨子飛走了。

不過由於料中美國將停止金本位制，是川銀藏的名字傳遍了股市！

過濾真、偽資訊

是川銀藏現在也自己做國際經濟的分析，絕不仰賴他人。

每天早上八點，各證券公司就會打電話給是川銀藏各種外電消息。這就是他一天工作的開始。紐約、倫敦、法蘭克福等股市的行情，金、銀、銅等非鐵金屬的行情與庫存狀態，還有匯率、利率，這些都是是川銀藏每天最起碼要記錄的統計數字。

是川銀藏一拿到證券公司提供的資訊後，便仔細思考該項資訊是真、是偽？是誰以什麼目的發出的？經過這一番尋根探源後，他往往發現是個通訊社的海外特派員發出的。

很多特派員喜歡針對那些數字加上自己的解釋，以自己的主觀，分析數字的含意，甚至預測未來的變化。

是川銀藏因為長期研究經濟的結果，有能力過濾資訊，只將正確的記錄下來。

九一八事件的蹊蹺

以經濟的觀點來看國際情勢，往往可以看得更透徹。但是有一次因為看得太透徹，而惹來麻煩。

一九三三年，是川銀藏應邀到國外演講，由於批評九一八事變，而被日本憲兵隊逮捕。

根據日本報紙報導，九一八事變爆發於一九三一年九月十八日夜晚十二點左右。由於張作霖的軍隊炸毀了滿州鐵路的一處，引起關東軍的反擊。可是依是川銀藏在中國的經驗判斷，中國軍隊一到八、九點就是消燈時間。每個軍人就寢前必須將持有的武器繳入武器庫。

因此當是川銀藏看到報上說事件發生於半夜，便覺得其中必有蹊蹺。而且日本的關東軍遠比中國軍隊強，中國軍實在沒有炸毀滿州鐵路，來挑釁關東軍的道理。報上消息都是關東軍的片面之詞。這些蛛絲馬跡在在顯示日方的說詞疑點重重。

是川銀藏將這些想法在演講時說，結果一位聽眾跑去憲兵隊告密。

第二天，是川銀藏被帶到憲兵隊。

是川銀藏被帶出家門時，曾囑託妻子去找小學時的恩師佐佐井一兆。

佐佐井一兆當時是眾議員，與軍方關係密切。沒多久，大阪的憲兵隊就接到東京憲兵司令打來的電話。

「不得拘留是川！還要好好聽他的高論，虛心學習！」

憲兵隊接到電話後，態度立即轉變，連聲賠罪。而是川銀藏也花數小時，向他們講解國際局勢。

是川銀藏經常留意主要國家的財政計畫與預算動向。某日在分析這些統計數字時，察覺到一個驚人的現象。

預測二戰來臨

開頭，是川銀藏還以為是數字印錯了，美國、英國、蘇聯和中國，這些國家的預算中，有許多預算案，明明不重要，預算金額卻比往年大很多。

以蘇聯的預算為例，西伯利亞開發費就比往年大很多。蘇聯既然撥出這麼大的預算在西伯利亞開發費上，應該會有符合預算的行動，然而報上卻從未有「蘇聯大舉開發西伯利亞」之類的消息。何況西伯利亞這麼寒冷的地方，值得如此急切的開發嗎？

是川銀藏繼續追蹤調查，結果發現，蘇聯正在擴充極東的軍力，不但將常備兵力由三十萬倍增到六十萬人，而且還計畫將西伯利亞鐵路由單線改成複線。

日俄戰爭時，俄國之所以戰敗，原因之一是西伯利亞鐵路只有單線，無法快速運送補給品與軍隊到極東。現在蘇聯正準備將西伯利亞鐵路由單線改成複線。

另一方面，英國與美國的情形又如何呢？是川銀藏調查英國與美國民營造船公司的經營資料，結果發現，幾乎每家公司都接獲大量的戰艦訂單。

謎底終於揭曉。原來這些國家使的是「明修棧道，暗度陳倉」之計。他們把龐大金額編入毫無火藥味的預算項目中，暗地裡卻拿這些金額去擴增軍備。

是川銀藏警覺到這是英、美、蘇、中聯手對日本展開包圍戰的準備工作。如此一來，日本免不了一戰。因此，日本必須趕緊布置好戰時體制，增強軍事生產力。

是川銀藏把這個想法告訴財界與軍參謀本部。可是日本當時正打著美日親善的外交政策。因此很少人把是川銀藏的話當一回事。

沼田少將是陸軍中最具經濟頭腦的將官，他叫是川銀藏去。

「是川先生，你認為日本與英、美免不了一戰。有何根據？」

是川銀藏將收集的資料攤在沼田少將面前，一一解說。沼田少將果然是軍中的經濟通，很快就進入狀況。

「你觀察得很透徹，事態的確越來越緊迫了。」

是川銀藏說：「日本最大的弱點是鐵。英、美、蘇三國的鋼鐵年產量為一億多噸，日本只有六百萬噸，這樣如何贏？」

與沼田少將接觸後，在某種意義上，是川銀藏開始扮演了軍中主戰派顧問的角色。

第4章
幕後軍師

設立是川礦業公司

從一九三三年到一九三八年，是川銀藏不斷向有關當局提出種種備戰建言。

是川銀藏覺得在危急存亡之秋，還悠閒地投資股票，實在沒有意義。因此，是川銀藏決定親自出馬去開發鐵礦，看能否盡一份心力。

是川銀藏找來一位三菱礦業公司的技師，請他調查朝鮮半島與滿州是否還有未開發的鐵礦。結果在朝鮮發現一處鐵礦。於是，是川銀藏關掉研究所，拿出所有的財產一百萬日圓，設立是川礦業公司，帶著十六名研究員前往朝鮮半島。

一九四二年，是川銀藏貸款二千七百萬日圓，加上自有資金三百萬日圓，設立是川製鐵公司。後來，是川銀藏在朝鮮半島擁有三家大企業——是川礦業、是川製鐵與北鮮開拓興業。

是川銀藏之所以能在短短數年間，擁有三家大企業，除了自己的努外，還有賴朝鮮總督小磯國昭的協助。

由於小磯國昭與是川銀藏關係密切，因此媒體便說：「是川銀藏是總督的幕後軍師。」

事實上，一直到一九四四年，是川銀藏可說是一半經營事業，一半參與朝鮮政治。朝鮮的日本官員知道是川銀藏是總督的身邊紅人，因此百般逢迎。

推拒入閣邀請

一九四四年，東條英機內閣總辭，小磯國昭接任總理大臣。小磯國昭派他的祕書來找是川銀藏。

「小磯總督說，這是他最後一次為國效勞，請你回去幫忙。」是川銀藏當場拒絕。

事實上，在此之前，東條英機內閣已呈崩潰之勢，下台是遲早。那時，是川銀藏就告訴小磯國昭：「接下來可能由您組閣。能夠力撐大局的，您是不二人選。不過若真有這麼一天，千萬不要接受。」

「為什麼？」

「大局演變到現在，已進入最後關頭，您年事已大，實在不適合挑起重任，還是讓年輕人幹，才可望開創新局面。」

後來果然如是川銀藏所料，天皇下詔要小磯國昭組閣。可是小磯國昭並沒有聽是川銀藏的勸言，接受了該項任命。

小磯國昭要是川銀藏回日本幫他什麼忙呢？或許要是川銀藏擔任財經方面的大臣吧！是川銀藏並非對大臣職位沒興趣，只是不願經由官選擔任大臣。他打算透過選舉當上民意代表後，再做大臣。

當年他之所以設立是川經濟研究所，目的就是想訓練一批傑出的企業家，以便將來出錢出力，協助是川銀藏步上政壇。

唯一了解朝鮮的日本人

小磯國昭內閣誕生之時，戰局已經對日本極為不利。

一九四五年四月，美軍登陸沖繩島，小磯國昭內閣被迫總辭。小磯國昭的總理生涯只持續十個月。八月十五日，日本宣布無條件投降。

在這場戰爭中，是川銀藏全力協助日本政府增強軍力。在朝鮮人眼中，是川銀藏無疑是個軍國主義者。因此當朝鮮逮捕是川銀藏時，他已經覺悟：這下子不是槍斃，就是吊死。

然而奇蹟出現了。當是川銀藏被監禁後，是川集團的數百名朝鮮籍員工，發起了援救運動。他們拿著連署簽名簿，到司法當局，說假如將是川銀藏處死，必然會讓朝鮮新政府的名聲掃地。

二次大戰結束前，在朝鮮的日本公司對朝鮮員工存有差別待遇，日本員工往往享有較高的薪資與職階。可是是川銀藏的公司沒有這種差別待遇。

此外，為了提高朝鮮員工的知識水準，是川銀藏還設立學校，讓他們能夠接受最起碼的小學教育。書籍與文具等，全由公司免費供給。因此知道是川銀藏的朝鮮人都說：「日本人中，了解朝鮮人的只有是川銀藏一人。」

第5章

二戰後的危機

提升糧食的生產力

一九四六年，是川銀藏被釋放後，帶著家人回到日本。由於戰敗之故，當時的日本人一個個垂頭喪氣，對於未來，充滿不安。

是川銀藏揹著帆布背囊，外觀與其他日本人一樣，可是內心卻截然不同，充滿旺盛的鬥志。

是川銀藏向旅館的人要來一份報紙，攤開一看，上面登載麥克阿瑟元帥對日本人發表的文告：「今後日本的重建，必須放棄武力。而以日本的糧食生產能力，四千萬人應為日本最適當人口。因此為了復興日本，首先必須先限制人口。」

當是川銀藏看完這篇文告時，不禁脫口大罵：「豈有此理！難道麥克阿瑟要把日本人去勢？」

是川銀藏心想：「好！我要設法提高日本的糧食生產能力，讓日本人口即使增加到一億人，也能自給自足。」

這才是重建日本的第一步。是川銀藏決定以一己之力對抗麥克阿瑟。

研發二期稻作

日本的大部分農地每年只能收穫一次。可是是川銀藏知道四國島高知的水田年獲二次。假如能讓日本各地的水田都年獲二次，糧食自給的問題就解決了。因此，是川銀藏決定研究稻米的二期作。

是川銀藏之所以深信日本的稻田可以年獲二次，背後還有一段因緣。

當年，小磯國昭要是川銀藏重建北朝鮮開拓興業公司時，說：「這場戰爭不知要持續多久，將來的糧食供給可能會不足，因此請你在白頭山的高原地帶進行農業開發。」

白頭山的高原地帶，冬季極為寒冷，氣溫低於零下四十度，因此一般認為這地區無法發展農業。是川銀藏挑選了五位年輕人，要他們到白頭山，調查當地居民平常吃什麼。

調查隊歸來說：「他們種小米和稗來吃。」

是川銀藏一聽之下，便確信這個地區可以開發農業。

當時金日成在白頭山搞抗日活動。是川銀藏很懷疑他率領著部下在那塊貧瘠之地，靠什麼填飽肚子？

「接下來，你們去調查金日成的部隊吃什麼？」

一個月後，調查隊揹著麻袋回來。

「他們種植馬鈴薯，靠這個維生。」

是川銀藏打開麻袋一看，是一種叫「紅丸」的馬鈴薯。

是川銀藏立刻進行白頭山的開發與「紅丸」的栽培。

三年後，傳來喜訊——白頭山的農業開發成功，每公畝收穫四千公斤。

在不毛之地開發農業的這段經驗，讓是川銀藏深深感覺現在的農業技術還有很大的發展空間。這也是為何他相信可以研究出二期作的原因。

發現栽種二期稻突破口

是川銀藏每天奔波於農業實驗場與氣象台，調查氣象資料。經過一番研究，是川銀藏發現只要設法提高溫度，就可以提早播種，二期作便有可能達成。

當時日本的農家在培植蔬菜幼苗時，都用油紙覆蓋在苗床上，以提高溫度，促使種子提早發芽。

是川銀藏想，蔬菜可以用這種方法，稻米也應該可行。

販賣馬口鐵板

是川銀藏雖然決定做二期作的實驗，可是總得先養活一家人。

住友金屬礦山公司在櫻島有個工廠，由於生產零式戰鬥機的零件之故，被美國轟炸機炸得稀爛。是川銀藏立刻到櫻島。工廠內的機器、原料、零件等資材，都被壓在馬口鐵板底下。

住友金屬礦山公司為了籌措重建公司所需的資金，打算賣掉這些資材。因此必須先將壓在資材上的馬口鐵板搬開。

是川銀藏問一位工人：「這些東西要運到那裡？」

「要運到海岸，裝船後，再運到外海丟棄。」

真可惜。一瞬間，是川銀藏腦中浮現戰後大阪一片廢墟的景象，無家可歸的民眾正需要馬口鐵板來搭蓋臨時住屋。是川銀藏立即去和住友金屬礦山公司的幹部交涉。

「你們不是要把馬口鐵板丟到海裡嗎？能否交給我處理？」

「好吧！就交給你處理。不過，不能免費送你。一個賣你五日圓。」

是川銀藏租一塊空地，作為修理馬口鐵板的臨時工廠。然後找來一些人手，將馬口鐵板彎曲的地方弄直，破裂的地方修補。

當時，日本到處都是一片廢墟。搭蓋臨時住屋所需的建材——馬口鐵板非常缺乏。因此黑市價一個高達三百日圓，而是川銀藏的進貨價是五日圓。

眾人相助，二期稻作成功

馬口鐵板生意的成功，讓是川銀藏有餘力照顧舊部屬與家人，因此便於一九五一年開始進行二期稻作的研究。首先必須找一塊農地。可是是川銀藏沒有農民的身分，無法買農地，也無法承租。

結果費了一番功夫，在大阪市內一家工廠內，借到一百五十坪的地。他設立了是川農業研究所，在大阪市的正中央，弄出一塊水田，搞起農業實驗。

要讓二期稻作成功，必須使秧苗提早發芽、成長，因此得用一種特殊的油紙，覆蓋在秧苗上，造成保溫效果。而這種油紙在風吹雨打下也不能破裂。當時還沒有塑膠紙這麼方便的東西，因此，如何製造出這種油紙，便成為二期稻作成敗的關鍵。

結果花了二年時間，總算於一九五三年研究出既能保溫又不容易破的油紙。在油紙的覆蓋下，秧苗果然順利成長。這年，二期稻作終告成功。

到了十月，第二期稻作已近收割。

某日，一位朝日新聞社跑農業線的記者來到工廠，一臉詫異地問道：「貴工廠內好像有水田？」

「沒錯。」

「那水田今年夏天好像收割過了？」

「你怎麼曉得？」

「我每天搭電車到報社上班，在電車上看到貴工廠內有一塊水田。一開始覺得很奇怪，怎麼稻子生長的時期比別地方早，到了八月，收割完後，同樣的地方又長出稻子。這是怎麼一回事？」

聽完對方的話後，是川銀藏心中直喊：「總算來了！」

是川銀藏一直在等待，看誰能將二期稻作的成功，向世人廣為宣傳。

是川銀藏拼命壓抑住興奮的心情，以冷靜的語調回答：「這是稻米的二期作。」

「什麼？稻米現在已經可以二期作了，可否讓我看看那水田？」

那位記者一看到滿田低垂的稻穗，一臉不可思議地連聲讚佩。

回到辦公室後，他詢問此事的前後經緯，是川銀藏也將始末說了一遍。話畢，記者已感動得兩眼淚光閃爍。

「先生，朝日新聞社今後將全力協助您的研究。」

第二天，是川銀藏翻開朝日新聞一看，最後一頁的社會版，全版登載是川銀藏研究二期稻作的報導。

朝日新聞的大幅報導，立刻引起全國的回響。從第二天起，天剛亮，工廠的大門前就排著想進來參觀的長龍。許多媒體記者也紛紛前來採訪。

但是名氣雖大，資金卻已經逐漸用罄。由於水田位於大阪市內，只能用自來水灌溉，因此水費非常驚人。當時是川銀藏滯延未繳的水費已達數千日圓。

某日，大阪市政府的職員到工廠來斷水。那時，第二期稻作已快收割，是川銀藏向職員懇求說：「我是為了挽救日本的糧食危機，才種這些稻子，能否再通融一個星期？」

對方無法作主，便把是川銀藏帶到水道局他的上司那裏。

到了水道局，一位名叫伊集院的課長出來見是川銀藏，聽完是川銀藏的話後，說：「好，今天就暫時不斷水，明天再派一名檢查員過去，以後的事就等檢查完畢再說。」

第二天，檢查員來到工廠，邊看水錶邊說：「是川先生，你這裡的水錶壞了，得換一個才行。」

按照水道局的規定，用戶的水錶若故障，過去的水費便一律以基本費計算，每月只需繳一日圓或二日圓。

檢查員回去的時候，又說：「最近水管漏水的情形很多，實在傷腦筋。而且在水錶前面漏水的話，水錶就不轉了。是川先生，你也留意一下，別讓水管漏水喔！」

是川銀藏懂他的弦外之音，立刻叫水電行的人來，在水錶前面另接一條鉛管。

就這樣子，是川銀藏不但不需繳納過去滯延的水費，還被「傳授」逃漏水費的方法。第二期水稻因而順利收割。

這樣做當然不對。可是眼看這位單槍匹馬向美國佔領政策挑戰的好漢，因繳不起水費而陷入困境，水道局肯變通，採取如此妙策，不是很有人情味嗎？

二期稻作的栽培在全日本引起迴響後，有出乎意料的收穫，三井化學公司大力協助，幫是川銀藏開發出比油紙更好用的塑膠薄膜。

耕耘機廠商久保田鐵工公司的社長小田原大三，也來參觀工廠。聽完是川銀藏的說明後，說：「是川先生，我也是日本人，讓我助你一臂之力吧！我不在乎賺賠，今後的研究費就全由我負擔。另外，敝公司擁有一塊一萬坪的閒置土地，可供你種植水稻，這裡太小了。」

此外，日本紡織協會也與是川銀藏接洽，希望是川銀藏把二期稻作的技術應用到棉花的栽培，實驗研究費全由對方支出。

於是是川銀藏於一九五五年，在大阪市買了一塊地，開始做棉花的栽培研究。

那時候，塑膠篷隧道栽培法已普及日本各地，稻米的單位產量因而大增。因此，二期稻作的基礎研究可說大功告成。

一九六〇年，六十三歲的是川銀藏關閉是川農業研究所，回到股市。

第6章

股市規則，預測未來

烏龜三原則

是川銀藏向親朋好友借錢，湊足三百日圓，作為投資本錢。是川銀藏謹守投資股票的「烏龜三原則」。

投資股票就像龜兔賽跑一樣。兔子因為太過自信，被勝利沖昏了頭，以至於失敗。另一方面，烏龜走得雖慢，卻穩紮穩打，謹慎小心，反而贏得最後勝利。

所謂「烏龜三原則」就是：

1. 選擇未來大有前途，卻尚未被世人察覺的潛力股，長期持有。
2. 每日盯牢經濟與股市行情的變動，而且自己下功夫研究。

3. 不可太過樂觀，不要以為股市會永遠上漲。而且要以自我資金操作。

自從第二次世界大戰結束起，到是川銀藏重回股市止。這段期間，日本股市前後經歷了三次熱潮。

第一次熱潮是因韓戰而起。韓戰所帶來的龐大需求，使得日本的產業訂單激增，景氣因而大好。股市反映這項利多，在短短二年多，暴漲了五・六倍。

第二次熱潮是所謂的「神武景氣行情」。一九五四年，景氣從谷底翻升。一九五五年，蘇聯政變，布加寧總理上台。股市受此刺激，再漲一段。

一九五八年六月與九月，日本銀行二次調低重貼現率。受此影響，日本經濟開始快速成長，引發了第三次投資熱潮。

著眼土地商機，淨賺三億日圓

一九六〇年，池田勇人組閣，發表「國民所得倍增計畫」。設備投資如火如荼地進行。是川銀藏看到這個情形，便預測日本經濟可能會有一場通貨膨脹，地價勢必暴漲！

是川銀藏就一面投資股票，一面買賣不動產。

是川銀藏收集日本各地工業區的開發計畫，仔細查閱之後，發現其中一個頗有意思。內容是大阪市當局打算填埋堺市泉北的海，將其規劃成工業區。

是川銀藏得到一個結論：該工業區完成後，需二萬名勞工，若再把相關產業湧入考慮進去，堺市人口將增加五萬人。為了收容這五萬人，堺市近郊必須建設城郊住宅區。

城郊住宅區必須有哪些條件呢？

是川銀藏跑到現場察看，發現堺市的東南方最適合規劃成城郊住宅區。

於是，是川銀藏說服了一位有錢的朋友，從他那兒取得資金，買下數十萬坪的土地。

當時，誰也沒有料到在那片未開發的土地上，將會出現大規模的新城鎮。因此，是川銀藏才能以每坪三百日圓的低價購得。

一九六四年，大阪市政府宣布，將在堺市東南方興建新城鎮。是川銀藏以每坪三百日圓購得的土地立刻大漲。一九六五年，是川銀藏賣掉全部土地，淨賺三億日圓！

這樣的行為絕對符合商業道德。可是當是川銀藏淨賺三億日圓後，心中卻不怎麼舒服。因為在購買土地之前，他曾仔細調查過土地所有者的家境，選擇較貧窮、較需錢用的人家，進行購地交涉。這簡直是趁人之危嘛！那些賣土地給是川銀藏的人，幾年之後眼看地價漲了數倍，不是會氣得跳腳，大呼上當嗎？

大興土木，看好水泥股

一九七二年，田中角榮組閣，捲起了日本列島改造旋風。日本列島改造論的著眼點是：將全國工廠重新配置，由臨海型的重化學工業升級為內陸型的知識型產業，建設高速公路與內陸工業區以促進農村工業化。

可是在日本列島改造論的刺激下，地價與物價急遽上漲。更不幸的是，一九七三年，第四次中東戰爭爆發，引發第一次石油危機，日本發生驚人的通貨膨脹。

水泥業飽受第一次石油危機的衝擊。政府為了壓抑通貨膨脹，大幅減少公共事業支出，使得水泥的需求急遽下降。因此各水泥廠，不是停工，就是縮小生產量。

是川銀藏決定將所有的資金六億日圓完全投入股市。對象是日本水泥公司。

是川銀藏分析日本水泥公司過去十年的股價，發現自一九七四年以來的下跌走勢，到現在已經進入谷底區。理由是：政府為了解決日益嚴重的失業問題，勢必採取對策，恢復景氣。而解決失業問題最有效的方法就是大興土木，以吸收大量的勞動力。因此水泥必定大漲。

是川銀藏默默承接日本水泥，絕不追高。經過半年，手上的日本水泥已經有三十萬股。

就在這時候，二名陌生人突然來訪。是川銀藏一看名片，是日本水泥公司的總經理。

「千山我獨行」的氣魄

訪致意。」

「感謝您大量購買敝公司的股票，成為公司的股東。今天特來拜

是川銀藏猜想，一定是日本水泥公司的經營層想知道他是何方人物，他們怕他購買該公司的股票，目的在於奪取經營權，或是藉此勒索。

是川銀藏笑著說：「我之所以購買貴公司的股票，是認為將來景氣復甦，就必須擴大設備投資，而一旦擴大設備投資，水泥的需求量自然增加，貴公司的業績自然好轉，股價當然上漲。」

對方聽完是川銀藏的話後，如釋重負。接著又問：「敝公司的股

票真的會漲嗎？」

雖然對方不相信是川銀藏的判斷，可是是川銀藏不但不以為意，反而暗自高興。因為如果連該公司的總經理都持悲觀看法，那麼一般投資人也不會看好。否則如果很多人和是川銀藏看法一樣，認為日本水泥將來會漲，而紛紛買進，使股價上揚，那麼是川銀藏就撿不到便宜貨了。

投資股票必須有「千山我獨行」的氣魄，看到萬人爭向東行，絕不可盲從，因為通常此時，往西走的路才是成功之路。反其道而行，必須有徹底孤獨的覺悟，「舉世滔滔皆向東，就我一人偏向西」，沒有這樣的信念與堅持，就不會成大器。

一九七七年七月，是川銀藏手中的日本水泥股票已經超過三千萬股。日本水泥的業績由虧損轉成盈餘。

就在這時，是川銀藏接到日本水泥公司董事長原島保的電話，他說希望和是川銀藏見面。

是川銀藏抵達時，原島保董事長與其他董事個個面色凝重。是川銀藏持有百分之十四·二的股票，無疑是最大股東。從這些人的表情，可以看出，他們根本不相信是川銀藏購買股票的動機只是在賺取差價。他們心中一定在想：這老頭子不知會提出什麼驚人的要求？

是川銀藏說：「為了恢復景氣，政府遲早會追加預算，擴大公共投資。如此一來，水泥會供不應求。貴公司的業績將突飛猛進，股價豈有不漲之理？」

原島保董事長問道：「現在的股價還算便宜嗎？」

「貴公司是日本最大的水泥公司，因此一旦景氣恢復，賺得也最多。以貴公司的實力，六百日圓也不過份。」

「可是政府真的會採取景氣復甦政策嗎？」

這些人很忙，沒空研究政經情勢。事實上，福田赳夫於一九七六年組閣後，就說：「明年將是經濟年。民間期盼景氣復甦的聲音，政府必須傾聽。」

果然政府於一九七七年編列一兆日圓以上的追加預算，以刺激景氣早日復甦。

八月十五日，日本水泥漲到一七八日圓。是川銀藏一年前開始買進的日本水泥，成本在一百二十至一百三十日圓之間，在漲升的過程中，他來回操作了幾趟。等到股價漲到一百八十日圓時，他便將三分之一的持股獲利了結。

是川銀藏判斷多頭行情才剛開始，後勢仍看漲，只是為了迎接未來的戰鬥，必須儲備一些資金。

這時，是川銀藏又接到日本水泥公司原島保董事長的電話。

「是川先生，果然如您預料。我還想聽聽您的高見。您何時來東京，一起用餐如何？」

數天後，是川銀藏抵達東京。兩人一邊用餐，原島保董事長說：

「日本水泥在北海道本來要蓋一間工廠，後來因為景氣轉壞，蓋了一半便停工，依您的看法，現在是否要繼續蓋呢？」

是川銀藏彷彿成了日本水泥公司的經營顧問。

「最好能馬上動工，而且要儘速完成。」

日本水泥漲到一百八十日圓後，回檔到一百六十日圓，暫時盤整。有些分析師開始看空。

然而在股市，人氣與行情的走勢經常相反。當人們認為漲勢已經結束時，往往另一波漲勢正在醞釀中，而當人們認為還有得漲時，通常行情已近尾聲。因此，投資股票可說是與孤獨作戰。

果然，日本水泥盤整完後，再度走高，九月二十日漲到二百四十九日圓。

持有大量日本水泥的是川銀藏，也成為證券界注目的焦點。是川銀藏稍有什麼舉動，立刻在證券界成為話題而影響股價。因此，是川銀藏不得不謹言慎行。

日本水泥再創高價到二百五十三日圓，此時股市瀰漫高處不勝寒的氣氛，股價因而下挫，跌到二百零二日圓。有些分析師認為會跌破二百日圓，可是是川銀藏相信還有後勢。

果然當報紙刊出水泥需求有增無減，股價不久就突破三百日圓大關。

此時，股市人氣正旺。但是當市場一片看好時，上漲走勢可能已離終點不遠。是川銀藏決定獲利了結。

股票只吃八分飽

投資股票，賣出比買進難得多。買進的時機抓得再準，如果在賣出時失敗了，還是賺不了錢。

賣出之所以難，是因為一般人不知道股票會漲到什麼價位，因此很容易受周遭人所左右，別人樂觀，自己也跟著樂觀，最後總是因為過度貪心，而錯失賣出的良機。

股市有句俗話：「買進要悠然，賣出要迅速。」

是川銀藏看中日本水泥後，逢低悠然買進，等股價超過三百日圓後，便開始出脫，不過三千萬股的股票，如果一口氣倒出，一定會造成股價暴跌，因此必須格外謹慎，不能讓外界知道是川銀藏在出貨。

而且為了讓股票在高價出脫，有時還得買進，以拉抬股價。如此買進與賣出交互進行，逐漸減少持股。

是川銀藏以六億日圓為資金，投資日本水泥，經過二年多的時間，獲利高達三百億日圓。勝利的原因在於，當世人把日本水泥視為爛股時，是川銀藏看出了它的未來性，逢低默默承接，然後堅信自己的判斷，耐心等待。等股價大漲至三百三十七日圓，市場人氣正旺時，是川銀藏不忘「飯吃八分飽，沒病沒煩惱」的道理，收斂貪欲，獲利了結。

是川銀藏遵守了「低價買進，高價賣出」的投資股市法則。而那些漲到三百三十七日圓天價仍在爭相買進的投資人，正好相反，犯了「高價買進，低價賣出」的錯誤。

第7章

心起貪婪，股市失意

看準礦山股

在出脫日本水泥時，是川銀藏心中還存著另外的股票——礦山股，尤其是銅，最引他注意。

是川銀藏調查了過去二十年來非鐵金屬的行情與供給狀況，發現銅價曾漲到每噸八十萬日圓以上，而這個時候則跌到三十萬日圓。照過去的走勢，銅價都是在暴漲與暴跌間起起伏伏，而且上次暴跌到現在，已經過了三年多，今後不可能一直在低價盤旋，遲早會再度上漲。

由於銅價低迷之故，很多礦山因為不堪虧損，已停止採礦。而按照過去的經驗，礦坑一旦暫時封閉，將來要再開工挖掘時，得先花相當長的時間整修坑道。因此即使需求恢復，供給也不可能在短期間趕上。如果將來什麼地方發生戰爭，或其他原因，而使得銅的需求突然增加，由於來不及增產之故，銅價一定暴漲！

「接下來的投資標的就選礦山股。不過要挑哪一家上市公司呢？」

首先當然是挑擁有礦山的公司。於是，是川銀藏立即調查日本的非鐵金屬上市公司，看哪一家自己擁有礦山。結果找出同和礦業與三井金屬礦業。

是川銀藏仔細分析，發現同和礦業較優越。同和礦業擁有銅、鉛、銀等非鐵金屬的礦山，而且其煉銅的業務佔全日本百分之二十，煉鋅、煉鉛則佔百分之百。

同和礦業於一九七七年期中決算，虧損十七億六千九百萬日圓。估計翌年三月的通期決算，將出現高達四十億日圓的虧損。

買進大量同和礦業的股票

同和礦業於四月創下當年最高價一百九十一日圓後，便節節下滑，跌到一百一十日圓。依照當時證券界的看法，同和礦業遲早要倒閉。

是川銀藏於一九七八年開始買進同和礦業，價格為一百二十日圓。經過一年，非鐵金屬行情開始反彈，每噸三十萬日圓的銅價漲到五十萬日圓。同和礦業的業績由虧損轉盈餘，股價也大幅上漲，漲到二百七十日圓。

是川銀藏擁有同和礦業二千二百萬股，成為同和礦業的最大股東。

到此為止，是川銀藏的投資戰略可說完美無缺，然而俗話說：「只知勝，不知敗，終將身受其害！」後來因是川銀藏不小心之故，而犯了大錯。

貪欲使人蒙蔽雙眼

是川銀藏以同和礦業的最大股東身分，到秋田縣小坂等礦山視察。同和礦業的股價稍微回檔，進行盤整築底。在這期間，是川銀藏全力吸購市場的浮額。

同和礦業打底完成後，開始上漲，漲到四百零九日圓。這時候，是川銀藏把賣出點設定在五百日圓。股價若漲到五百日圓，便打算賣出七成持股。

不過，是川銀藏持有三千萬股的股票，不能說賣就賣，一定得趁市場氣氛很活絡，大家都認為還會上漲時，才能順利出脫。是川銀藏耐心等待這個時機的來臨。

這時，是川銀藏從短波收音機聽到一個重要消息：「蘇聯派遣三個師團以上的兵力，集結在鄰近阿富汗的邊境。」

「這下子說不定會演變成大事件。如果爆發戰爭，非鐵金屬行情必定火上加油，漲得更兇！」

這時的是川銀藏滿腦子盡是貪欲，只往好的方向想。就像龜兔賽跑中，兔子瞪著赤紅的眼睛，只知勝，不知敗一樣。

是川銀藏一向認為投資股票應和烏龜一樣，表面上行動遲緩，卻是小心謹慎，最後安然抵達終點。

這一次，是川銀藏一開始的確和烏龜一樣，小心謹慎，可是一聽到蘇聯入侵阿富汗的消息後，卻興奮得什麼都忘了。

一九八〇年一月四日，股市開紅盤。由於蘇聯入侵阿富汗之故，非鐵金屬行情大沸騰，同和礦業也以四百五十日圓收盤。

「照這情形看，股價漲到八百日圓也不奇怪！」

是川銀藏本來把賣點設定在五百日圓，可是隨著行情的沸騰，便修正為八百日圓。

一月二十二日，同和礦業暴漲一百日圓，以六百零四日圓收盤。

「漲勢這麼猛，怎麼會只到八百日圓？一千日圓絕對沒有問題！」

此時，是川銀藏興奮到極點，已經喪失了賣出股票時最需要的冷靜。

同和礦業終於漲到九百圓大關。此時，是川銀藏的持股已經高達六千萬股，佔同和礦業發行股數的百分之三十。

「等股價過了一千圓，再賣出吧！」

人的貪慾真是無底無邊。

二月十八日，日本銀行宣布調高重貼現率，給股市帶來很大的衝擊。

同和礦業的股價終於跌破八百圓大關。

此時，是川銀藏驚覺九百圓很可能就是同和礦業的天價，必須趕緊出脫持股才行，可是手上持股多達六千萬股，在人氣漸散的市場，倒出這麼多籌碼，一定會造成暴跌。

是川銀藏完全喪失了出脫持股的機會。

是川銀藏眼看股價已經逼近成本，急得如熱鍋上的螞蟻。

是川銀藏只好去找野村證券公司。

野村證券公司是日本最大的證券公司。只有野村證券才有實力一口氣吃下這麼多的股票。結果，野村證券因為怕是川銀藏在市場上倒出股票，造成暴跌，不得不同意承接一千萬股，然後將這些股票推銷給外國投資機構。

處理完同和礦業的持股後，幸運的是本錢三十億圓還完整無缺。

決心退出股市，做公益

「放心好了，等處理完同和礦業，我再也不做股票了。今後要專心從事公益事業。」

妻子壽美一聽是川銀藏決定洗手不幹，遠離股市，高興地直點頭，說：「看你這一次弄得焦頭爛額，身體再好，也經不起如此磨呀！希望你能堅定意志，不要再做股票了。」

為了出脫六千萬股的同和礦業，這半年來，是川銀藏心力交瘁，每天過著愁雲慘霧的日子。有一陣子還以為這輩子大概就此完蛋了。

妻子壽美眼看著是川銀藏陷入困境，卻又幫不上忙，只能在一旁跟著是川銀藏苦惱。

「我希望你能活久一點。投資股票既然這麼傷神，你就不要再做了。今後我倆可以邊種蔬菜，邊做公益事業，平平安安過日子，好嗎？」

壽美是是川銀藏的第二任妻子。第一任妻子於二次大戰結束後不久便去世。

是川銀藏有四個孩子，長男歷任西德慕尼黑大學及法蘭克福大學教授，自一九七二年起，就任西德國立結晶學研究所所長，並兼任CEC核能委員會委員。他還被學術界公認可能入選諾貝爾物理學獎候補。可惜後來罹患腦癌，於一九八五年去世，享年五十七歲。

次男是住友金屬工業公司的事業開發部部長。長女嫁給劇本作家西龜元定，西龜元定就是研究痲瘋病的權威西龜博士的長男。次女嫁給東麗公司（日本最大化纖廠商）副社長沼田靖行。

是川銀藏的孩子們都受過完整的教育，也各自擁有幸福的家庭，並不需要是川銀藏留給他們什麼財產。因此，是川銀藏便想到要幫助那些窮得無法上學的孩子，讓他們能接受教育，發揮潛能。每個人都有潛在的能力，但是必須透過教育，才能喚醒。如果因為貧窮，有才能卻鬱鬱終生，這無疑是國家的一大損失。

是川銀藏出生於貧窮家庭。父親靠捕魚維生。家中有七個孩子。由於光靠捕魚，養不起七個孩子，父親便透過朋友的安排，在神戶租下一間店面，做起賣魚的生意。然而家裡的經濟並沒有因而改善。

「你們一家人是託誰之福，才有這個避風擋雨的地方？」房東每次來催討房租時，總是如打雷般大吼大罵，父親則整個身體縮成一團，卑屈地說：「請再寬限幾天，我一定會設法湊錢……」

這是父親一貫的說詞，他總是邊說邊磕頭。這幅景象如此驚心動魄，而且又一再出現，因而深深烙印在是川銀藏幼小的心靈。

由於家裡貧窮，是川銀藏小學畢業後，就不得不到神戶的好本商會當學徒，賺點錢貼補家用。

「人要是沒錢的話，別人就不把你當人看！」

每當聽到父親這麼說，是川銀藏就在心中暗下決定：

「為了替父親雪恥，我將來一定要賺很多錢，好好孝順父母。」

小時候，因為家境清寒，想升學而不可得。基於這段辛酸的體驗，長大後，是川銀藏就一直有個想法，哪天賺了大錢，一定要幫助那些境遇和他幼年一樣的孩子。

因此當投資同和礦業失敗，卻沒傷到三十億日圓本錢時，是川銀藏就考慮拿出這筆錢，作為孤兒獎學金。

成立財團法人是川福祉基金

一九七八年某日，報紙一條新聞吸引了是川銀藏。

「大阪的孤兒院因為沒錢買暖爐用的油，孩子們冷得直發抖……。」

是川銀藏立刻前往大阪市政府兒童課。

「要多少錢，才能讓這些孩子不受凍呢？」

「大概要二百六十萬日圓。」

「我來出這筆錢！」

是川銀藏立刻打電話要人拿三百萬日圓來。

課長說：「三百萬日圓太多了。」

「剩下的錢就當做是壓歲錢，分給孩子們，每人一千日圓。」

一九七九年，是川銀藏拿出二十億日圓，成立財團法人是川福祉基金。是川福祉基金每年提供二百個獎學金名額給大阪市的孤兒，讓他們能順利念完高中、大學。

第8章

再起波瀾

發現暗藏的金礦脈

一九八一年九月十八日，是川銀藏邊吃早餐邊看報紙。

「金屬礦業事業團在鹿兒島縣的菱刈金山，發現高品質金脈。」

是川銀藏繼續閱讀內容，越看越興奮。

菱刈金山的所有權屬於住友金屬礦山公司。金屬礦業事業團在這地區鑽了二個洞，進行探勘，發現三層金脈。最上層每噸礦石中含有六十三・七公克的金與四十四公克的銀。第二層含有金八十一・九公克、銀五十二・八公克。最下層品質最高，含有金二百二十・三公克、銀五十七公克。

在當時的礦山業界，每噸礦石中含有十公克的金，就被視為具有開採價值。日本的金礦每噸的平均含金量為四點九公克，品質最高的不過二十多公克。

世界最大的金礦是南非的羅德西亞金礦，不過其礦床卻位於地下三千公尺。

菱刈礦山的金礦品質好，而且礦床離地面只有二百八十三・一公尺，容易挖掘，可說是超級優良金礦。

是川銀藏體內的血彷彿在沸騰，整個頭似乎在燃燒，好久不曾體驗的悸動也再度出現。

二處鑽孔地點相距七百公尺，可是根據新聞內容，金屬礦業事業團還無法判斷這二處金礦脈是否連接。不過，金礦脈的母岩（夾在礦脈與礦脈之間的岩石稱為母岩）則屬於水成岩。

是川銀藏的腦海裡突然靈光一現。

「間隔七百公尺的二處金礦脈是連接的！」

從四國的四萬十川起，一直到九州南端的地層，都是屬於水成岩。

地球誕生以來，海底的泥砂以及有機物等混合在一起，慢慢地沉澱、堆積，成為堆積層。這個堆積層後來因為地殼變動，承受巨大壓力，而化為岩石，這就是水成岩。而隨著地殼變動，含有金屬成分的礦液就會在堆積層間擠壓成一堆，形成金礦脈。

當然，金礦脈在火成岩中也會形成，只是分布較為零散。水成岩的金礦脈則分布較為規則，一般都成連續狀。因此，菱刈金礦山的地層既然屬於水成岩，金礦脈自然極可能成連續狀。

自一九三八年起，到第二次世界大戰結束止，是川銀藏一直在朝鮮半島開發、經營礦山。是川銀藏從年輕時起，碰到沒有經驗過的事情，常會毫無顧忌地一頭栽進去做。從這裡面，他學到一件事，那就是各行各業都有許多經驗豐富的專家，可是這些人大半缺乏經營手腕；因此只要雇用這些專家，由是川銀藏來負責經營，那麼就算是是川銀藏從未經驗過的事業，也做得成。

有過這樣的體驗後，為了增強日本的軍事力，是川銀藏沒有多做考慮，便到朝鮮從事毫無經驗的開發礦山。可是是川銀藏不久就發現，自己若不具備礦山學、地質學等專門知識，便很難把事業做好。因為技師們講的話，是川銀藏根本無從判斷真偽。

於是，是川銀藏早上在公司處理業務，一到下午，便鑽進朝鮮總督府的地質調查所，猛讀地質學、礦床學等書籍。

和一般人一樣，是川銀藏並非真的喜歡讀書。只是與其他人不同的是，他一旦下定決心吸收某種知識，就全心全意投入，絕不馬虎了事。很多大學生為了應付考試，臨時抱佛腳，熬夜讀書。用這種方式得來的知識，通常經不起時間的考驗，一出校門便都忘光了！

是川銀藏讀書，並非為了考試過關，而是為了實際需要，所花費的心血，也絕非大學生熬夜抱佛腳所可比擬。因此得來的知識即使過了數十年，也仍活在腦中。這些活生生的知識，再加上臨場的實務經驗，使是川銀藏在往後的股市投資中，有判斷的依據。

在相距七百公尺的二處鑽孔點分別發現金礦，而當地的土質屬於水成岩。是川銀藏根據過去在朝鮮所獲得的礦山知識，斷定這二處金礦根本就是屬於一條連在一起的金礦脈。換句話說，住友金屬礦山公司已擁有一處價值驚人的大金礦脈！

「買進住友金屬礦山股！這種天大的良機，如果沒有好好把握，一定會後悔終生。這是一輩子只出現一、二次的絕佳買進機會！」是川銀藏興奮得全身發抖，坐也不是，站也不是。

妻子壽美正在一旁瞧是川銀藏瘋瘋癲癲的模樣。看到她那狐疑的眼神，是川銀藏想起自己曾向她發誓：「以後再也不做股票了！」

可是現在不是婆婆媽媽的時候。

「太驚人了！住友礦山公司的礦區，發現了全世界最大的金礦。在同和礦業股上得而復失的錢，這一次要從住友礦山賺回來。我雖然答應妳這輩子再也不做股票了，可是，求求妳，再讓我做一次，一次就好了！」

是川銀藏邊說邊磕頭。妻子壽美蹙著雙眉，一副泱泱不樂的表情，說：「再一次、再一次，這樣根本沒完沒了，結果還不是做一輩子股票。」

可是妻子壽美畢竟了解是川銀藏的個性，知道是川銀藏一旦被股票迷住，再怎麼勸阻也沒用。因此她最後還是無可奈何地說：「股票是你的命根子，就去做吧！」

「感激不盡，感激不盡。」

重回股市，買進友金屬礦山股

九月十八日，發現金礦的消息見報，是川銀藏立即從大阪機場搭飛機，到鹿兒島，然後再從鹿兒島乘計程車，直往菱刈金礦山。菱刈町位於鹿兒島縣北部的丘陵地帶，當地人煙稀少，計程車司機途中問了好幾次路，花了大約二小時，終於抵達目的地。

是川銀藏進入礦場事務所，要求參觀工地。礦場主任一口答應，並且說：「報紙登得太誇張了，真傷腦筋。」

一副困惑的表情。

「沒錯，就像報上所說，金屬礦業事業團在二個地點鑽孔，發現了高品質金礦，可是這不過是碰巧挖到高品質金礦而已，其他的礦脈很可能是沒有開採價值的低品質金礦。」

如果是外行人，很可能被他這番話說服，可是是川銀藏曾經在朝鮮半島開發過二處金礦山，怎會如此輕易地就被打發了呢？從對方的言談中，是川銀藏察覺到他一定隱瞞了一些事實。

一般而言，鑽孔要鑽到金礦並不是一件容易的事。在一千個地點鑽孔，往往只能鑽到幾處有金礦，機率很低，而金屬礦業事業團鑽了二處，二處都鑽到金礦，這能說是「碰巧」嗎？二個鑽孔處的地底下，一定有一條連續的大金礦脈！是川銀藏跑了一趟礦場，更加確信此事。

九月十七日，也就是消息見報的前一天，住友金屬礦山股的收盤價為二百二十六日圓。

九月十八日，是川銀藏前往菱刈礦山查看，回大阪後，是川銀藏就對十多家證券公司下達買進住友礦山的指令。當時住友礦山的股價正在二百三十日圓至二百四十日圓間盤旋，是買進的機會。

好的開始是成功的一半。投資股票也是如此，買進的時機非常重要。

如果一開始買進就被套牢，形成帳面虧損，投資者的信心多半會因而動搖，影響日後的投資決策。

九月十九日，股市一開盤，是川銀藏就動員十多家證券公司，要他們以市價權力買進住友金屬礦山股。

假如股價為二百五十日圓，那麼要買一千萬股的話，現金為二百五十億日圓。若以融資買進，則必須繳百分之三十的保證金，即七十五億日圓。問題是是川銀藏只有三十億日圓的自有資金。但是是川銀藏這個人，一旦找到機會，就不再是個普通人。

他把所有的伎倆都使出來，拼命買進股票，買了豈止一千萬股！

以融資買進股票時，除了繳保證金外，還可用股票（以市價的百分之七十計算）抵押，代替保證金。這種方式可比用現金多買約二倍的股票。而且如果股價上漲，原先拿去抵押的股票，擔保力會跟著增加，而得以買更多的股票。

另一個吸購大量股票的方法是打壓股價。同樣的資金，在股價低的時候，所能買進的股數，當然比在股價高的時候還多。因此一旦股價漲高，是川銀藏就一口氣倒出一百萬股或二百萬股，讓投資人感覺壓力重重，而紛紛賣出持股，造成股價下挫。此時，是川銀藏就以迅雷不及掩耳的手法，將投資人釋放出來的股票一網打盡。

為了不讓外界知道是川銀藏正在吸購住友金屬礦山股，他小心翼翼地分別在十多家證券公司掛進。可是開始行動後的第六天，東京股市已經傳出「是川銀藏大量買進住友礦山股」的消息。投資人紛紛上轎，買單如雪片般湧進，股價立即呈直線上升。一個星期後的九月二十六日，股價漲到四百七十二日圓，漲幅超過一倍。十月二日，股價漲到五百四十日圓。

此時，是川銀藏的持股已達到五千萬股，佔住友金屬礦山公司已發行股數的百分之十六。

寶山消息慘遭專家否定

十月的某日，住友金屬礦山公司的董事長藤崎章打電話給是川銀藏，希望能盡快與是川銀藏見面。

「又來了！」

對方一定又是懷疑是川銀藏持有該公司的大量股票，是否有什麼特別的企圖。

是川銀藏依約前往住友金屬礦山公司的董事長室。

「是川先生，您為何買了那麼多敝公司的股票？」

「藤崎先生，你進入這家公司幾年了？」

藤崎章緊張兮兮地瞪著是川銀藏。

「貴公司找到了一條價值連城的大金脈耶！」

「可是那條金脈長什麼樣子還不曉得。雖然在二處鑽孔發現金礦，可是現在還無法判斷這二處金礦是否同屬一條金脈。今後我們會請金屬礦業事業團更仔細地調查，請您等調查結果出來後，再下判斷如何？」

是川銀藏看與對方講不通，便要他找技術部長來。

技術部長近藤皓二進來後，是川銀藏詢問他對此事的看法，對方回答道：「日本有許多金礦山，可是絕大部分金脈都是局部性。而且，一開頭或許會挖到高品質的金礦，但是繼續挖掘後，便會發現品質沒有先前的好。因此這次菱刈金礦山雖然鑽到高品質的金礦，但是礦脈絕不可能長達七百公尺，也不可能都是高品質的金礦。」

近藤皓二曾在京都大學專攻礦山學，又擔任過礦山地質學會會長，可說是專家中的專家。這樣的人物竟然鐵口直斷「不可能」。

「菱刈金礦山與其他金礦山不一樣，母岩是由水成岩構成。」

任憑是川銀藏怎麼賣力解釋，還是無法說服他們兩人。

「你們知道嗎？貴公司很可能持有數兆圓的寶山耶！鑽孔探礦的事不要再委託金屬礦業事業團了。貴公司應該自己做，最好每隔五十公尺或一百公尺鑽一處孔。如有需要，鑽孔的費用由我負擔。」

藤崎董事長一聽是川銀藏這麼說，急忙道：「是川所言甚是，敝公司一定盡力把該做的事做好。」

果然，過了數日，該公司宣布，將以六個月的時間，在菱刈金礦山每隔一百公尺鑽一處孔。

五億日圓買下相鄰礦區

接著，是川銀藏又再度前往菱刈金礦山。為的是想更仔細調查一遍。

結果發現，間隔七百公尺的二處鑽孔地點，位於東側的鑽孔點，礦脈厚二公尺；位於西側的鑽孔點，礦脈厚六公尺。也就是說，礦脈越往西越厚。然而，從西側的鑽孔點約四百公尺是住友金屬礦山公司的所有權界限，再往西就是別人的礦區了。換言之，金礦脈不只存在於住友金屬礦山公司的礦區內，很可能還延伸到別人的礦區。而且，別人礦區的金脈可能還更厚。是川銀藏不知道則已，既然知道了，怎能讓煮熟的鴨子飛掉呢？必須趕緊買下這片礦區才行！

是川銀藏立刻回東京調查礦區的所有權者，發現是住在鹿兒島的二個人，而且這二人的經濟狀況很差，賣地的意圖強烈。是川銀藏表明了想要購地的意思後，對方出價十億日圓，是川銀藏嫌太貴，對方再降價成五億日圓。

於是，是川銀藏去拜訪住友金屬礦山公司的藤崎董事長。

「趕快買下與西側鑽孔點鄰接的礦區。否則若等到繼續鑽孔後，發現金礦脈延伸到鄰接的礦區，那時想買也買不成。我已經和對方談好，售價五億日圓。趕快買下吧！」

可是站在一旁的近藤皓二技術部長卻說：「進一步的鑽孔調查還沒展開，我們連自己礦區內的情形都還不清楚，怎能買一無所知的鄰接礦區呢？」

近藤皓二又說：「何況礦區的所有者已經一再透過仲介商，希望將礦區賣給敝公司。我們根本不必主動，最後他們一定會跑來苦苦哀求。屆時，只要三、五千萬日圓就可成交。」

聽完他的話，是川銀藏覺得很失望。

「貴公司的規模這麼大，財力如此雄厚，怎能因看準對方急需用錢，就把價值十億、二十億日圓的礦區，殺到這麼低的價錢？」

然而，儘管是川銀藏苦口婆心地勸說，他們還是無動於衷。

「既然你們不願買，就由我來買好了。」

是川銀藏怕礦區被其他有心人買走，將來可就麻煩了。因此決定先買再說，以後再轉讓給住友礦山公司。

數日後，是川銀藏以五億日圓買下礦區。

投資股票，要明白何時休息

十月二十八日，住友礦山的股價比前一日大漲三十四日圓，以五百九十日圓收盤，成交量創下四千七百萬股的天量，人氣沸騰到極點。

然而，十月三十日，盤中一度觸抵六百一十五日圓的股價，後來卻急轉而下。

是川銀藏於二百三十日圓時開始買進住友礦山，到現在已經漲了將近三倍，因此在這裡稍做回檔整理也是應該的。

可是股價在六百日圓左右時，股市傳出某在日華僑集團放空的消息，一般投資人受此影響，紛紛獲利了結，造成股價下挫。

空頭的主力是在日華僑中的三晶實業公司。三晶實業公司過去靠小豆期貨，賺了數百億日圓，資金雄厚。對方連日放空的攻勢，已經使好不容易構築的多頭氣勢有土崩瓦解之危。

十一月六日，住友金屬礦山宣布，將於十一月底進行菱刈金礦山的探礦行動。然而其宣布內容不僅無法抑制空頭的攻擊，反而令買方躊躇不前。內容是：「一般而言，金礦脈的實際情形很難掌握。因此，經過事業團的調查後，我們仍無法斷定礦床的規模是否很大。不過，今後仍會繼續探礦。為此，我們已獲得事業團的同意，今後將由敝公司獨自進行調查工作。」

住友金屬礦山的探礦計畫，是打算在六個月內，在十四個地點鑽孔，等鑽完孔，再檢討是否值得進行挖礦工程。

除此之外，住友金屬礦山對外界的詢問，一概拒絕回答。

住友金屬礦山的消極姿態頗讓買方失望，十一月十六日，股價終於跌破五百日圓大關，以四百九十一日圓收盤。

好在空頭主力眼看已經達到冷卻市場目的，戰果輝煌，也不敢再揮軍深入，因而開始收斂放空動作。

其後，股價便在五百日圓至六百日圓間，作來回整理。

同和礦業的那場戰役，是川銀藏在緊要關頭被貪欲所迷，身處高檔而不自知，結果喪失了大賺的良機。

這一次，是川銀藏不斷提醒自己，絕不能再重蹈覆轍。

行情的變化有時會令人難以捉摸。一買就跌，一賣就漲，想要逢低攤平，偏偏越攤越被套牢。此時，最好的策略就是暫時休息，最忌諱的是戀戰。明明無法判斷行情的走勢，還要留在股市蠻幹，這是標準的賭博行為。投資股票，不僅要懂得在何時買進、賣出，還要知道在何時休息。

十二月下旬，是川銀藏判斷住友金屬礦山股一時還脫不了盤旋整理走勢，便掛起免戰牌，帶著妻子去京都旅行。

前往菱刈礦山視察

一九八二年一月，股市盛傳種種住友金屬礦山的消息，而且都是有關開發金礦山的利多消息。

一月十二日，住友金屬礦山股大漲三十九日圓，創下空前最高價六百三十日圓。之後，買單更是前仆後繼，行情呈白熱化狀態。顯然地，住友金屬礦山股已邁入第二波漲勢，向一千日圓目標挺進。

一月中旬，是川銀藏與丸莊證券公司的董事吉岡武夫一起到菱刈礦區視察。

住友金屬礦山公司於去年十一月宣布，將進行每隔一百公尺的鑽孔工程。是川銀藏此番前往，目的是想知道工程的進度和結果。

這時，風雪交加的菱刈礦區，三台鑽孔機正在轟隆作響鑽地，已鑽到二百數十公尺深。

是川銀藏拜訪了礦場場長與數位工地的負責幹部。由於事情敏感，他們都不願透漏金礦的含有量。不過從他們的言談中，可以窺知金礦脈的規模比公司原先估計的還大得多，甚至很可能在鑽孔處已鑽到每噸四百公克以上的礦脈。

由於預感挖到的可能是全世界最大的金礦，每位工作者的眼睛都炯炯發亮，閃爍著期待的光芒。現場雖然大雪紛飛，寒風刺骨，可是卻洋溢著異常活絡的氣氛。

是川銀藏觀察到這些蛛絲馬跡後，越發確定自己的判斷無誤，帶著一顆興奮的心，回到東京迎接這場越來越有把握的戰鬥。

一月二十五日，住友金屬礦山股以漲停板七百零五日圓收盤。之後，繼續上漲。

二月二十五日，盤中創下七百七十二日圓的新高價，可是收盤時卻比前一天跌二十日圓。這種急轉下挫的走勢，似乎為後來的下挫行情做了預警。

不知何故，住友金屬礦山公司始終未發表鑽孔的結果。這自然引起市場的懷疑與不安，股價因而開始下滑。

「是川銀藏已經出貨溜了！」

東京股市繪聲繪影地盛傳這樣的謠言。

更傷腦筋的是，日本經濟新聞於三月一日登出各家非鐵金屬公司業績惡化的消息，而且是以住友金屬礦山公司作標題。

「住友金屬礦山公司，稅前純益減少百分之六十！」

這項利空消息無異雪上加霜。三月九日，住友金屬礦山輕易跌破六百日圓大關，以五百九十日圓收盤。三月十二日，股價暴跌一百一十圓，以四百二十日圓收盤。

就在此時，是川銀藏接到證券公司的追繳保證金通知，期限為兩日後的中午。在那之前，若不補繳保證金，就會被斷頭。

追繳保證金的金額為四十億日圓，可是是川銀藏手上根本沒有那麼多現金，何況要在短短二天內湊足。唯一的辦法是賣掉手中持股。當時股價正在四百二十日圓左右盤旋，只要賣掉一千萬股，便有四十二億日圓現金。是川銀藏立刻打電話給住友金屬礦山公司，要求住友集團能以市價買下住友金屬礦山股。

三月十三日，是川銀藏前往住友金屬礦山公司，董事長室內除了藤崎董事長及數名董事外，野村證券公司的井坂健一專務也在場。井坂健一專務是住友金屬礦山公司請來協調的。他說：「住友金屬礦山公司不希望股價繼續下跌，因此願意盡可能幫助是川先生。不過，住友集團可能希望股價進一步下挫也說不定。無論如何，先聽聽是川先生的條件再說。」

是川銀藏說：「股價就以交易決定時的行情就行了。另外，去年我以五億日圓買下菱刈礦區鄰旁的土地，如果此次雙方股票交易達成，我願意將這塊土地以相同的價格轉讓。」

當初是川銀藏買下那塊土地，是認定住友金屬礦山公司遲早有此需要，可說是為住友金屬礦山公司而買，而且是川銀藏現在身陷困境，急需對方援助，附加一件額外的「禮物」也是應該。

此外，如果住友金屬礦山公司欣然接受「轉讓鄰接礦區」這個條件，那麼便證明一件事——住友金屬礦山公司之所以遲遲不宣布鑽孔結果，是因為該公司發現金礦的規模遠遠超過原先所預期。

三月十六日，住友金屬礦山公司打電話給是川銀藏說已決定承接股票。是川銀藏立即前往。該公司負責股務的主管說：「經住友集團協議的結果，住友銀行承接二百五十萬股。住友信託、住友壽險各承接一百五十萬股。合計承接五百五十萬股。」

雙方並同意股價為四百二十日圓。

藤崎董事長稍帶靦覥地說：「您曾答應要將菱刈的鄰旁礦區以原價讓給敝公司，沒變卦吧！」

果然如是川銀藏所料，金礦脈延伸到鄰旁礦區。

「我既然承諾此事，便絕不食言。」

藤崎董事長很驚訝是川銀藏肯如此輕易讓出。

其實，是川銀藏一開始就沒有打算要靠買賣那塊礦區賺錢，現在既然獲得救急資金，而且也「證實」了金脈規模龐大，是川銀藏已深感滿足。

住友礦山大跌以來，是川銀藏一直隱隱約約地感覺，股價暴跌的背後，是否住友集團在主導。後來果然發現，是川銀藏正是陷入住友集團的圈套內。

誤入企業圈套，原價轉讓鄰接礦區

三月十七日早晨，是川銀藏看日本經濟新聞的頭版標題，愕然失聲。

「開發國內最大級金礦住友礦山決定八月著手鹿兒島金礦估計埋藏量一百噸。」

是川銀藏大吃一驚，眼睛直盯著新聞內容。

「住友金屬礦山公司已決定於今年八月，著手開發位於鹿兒島縣菱刈町的金礦山。此金礦山的金礦埋藏量，據估計是國內金礦史上最大級。關係人士表示，該公司自去年探礦調查以來，發現金礦石的品質極高，平均每噸的金含有量為一百公克，且埋藏量多達一百數十萬噸，因而決定開發。開發工作若順利進行，則一九八四年便可開始採礦。由礦石的埋藏量與品質來估算，該礦區至少存在一百噸的金，以市場價格換算，價值在二千五百億日圓以上！」

此時，是川銀藏已興奮得血脈賁張，他繼續閱讀新聞內容：「目前國內的金礦山中，含金量最高的是坂越大泊礦山，每噸礦石含二十公克金，而菱刈礦區的含金量為一百公克，是其五倍。在金的埋藏量方面，過去東亞最大的金礦山鴻之舞金山，埋藏量為七十三噸，而菱刈礦區的埋藏量為一百噸，也遠遠超過。」

就是這個！是川銀藏日夜企盼的就是這條新聞的發布。

雖然有些心疼前一天賣掉的五百五十萬股，可是手上還有四千五百萬股。這條新聞一定可讓住友礦山股急漲無疑。一想到勝利女神已經對他擺出笑臉，是川銀藏禁不住顫抖起來。

當天的股市，一開盤，買盤就從四面八方湧進，數量多達二千萬股。

後半場（下午盤），住友礦山因買單過多而停止交易。

由於買氣太旺盛，東京證券交易所請住友金屬礦山公司的近藤皓二常務召開記者會。近藤皓二在記者會上說：「到目前為止，敝公司完成了十四次鑽孔工程，這十四次鑽孔工程全都鑽到金礦脈。品質最好的礦石每噸含有六百五十．二公克的金，品質較差的礦石也含有十二．九公克的金。」

聽到近藤皓二在記者會上的談話，是川銀藏突然想起四天前到住友金屬礦山公司時，該公司對他說的話。

「是川先生，菱刈礦區的狀態，不是光憑鑽孔就能掌握。含金量高的礦石之間，說不定都是每噸三公克以下的低品質礦石。是川先生過去也開發過金礦山，應該很清楚才對。總之，菱刈礦區是優是劣，現在還無從判斷。」

這些話，跟四天後近藤皓二在記者會上的談話，出入實在太大了。也就是說是川銀藏陷入了住友集團的圈套。然而，住友礦山正在大漲特漲。

結果，住友礦山股當天以漲停板五百六十日圓收盤。由於賣方極端惜售，以市價掛進而無法成交的股數多達七千三百九十一萬股，創下東京證券交易所開設以來的最高紀錄。人氣之沸騰，由此可見。

三月十九日，住友礦山股再大漲一百日圓，以六百六十日圓收盤。這天也是是川銀藏和住友礦山公司約好將五百五十萬股股票交付給對方的日子。

是川銀藏和住友礦山公司談定的價碼是四百二十日圓，而短短數日之內，股價便暴漲了二百四十日圓。由於是川銀藏和住友礦山公司之間的股票交易與轉售礦區之事，只是口頭約定而已，並沒有簽訂買賣契約書；是川銀藏若心狠，不承認有此事，對方也莫可奈何。住友礦山公司怕是川銀藏反悔不認帳，當天一連打了數通電話，要是川銀藏履踐前約。

可是是川銀藏心裡絲毫沒有想要毀約的意思。

「這不是理所當然嗎？大丈夫一言既出，駟馬難追，就算只是口頭約定，也必須遵守，我這輩子從未有過食言毀約之事。」

當然，菱刈礦區的鄰旁土地也以當初約定的五億日圓轉讓給住友礦山公司。

是川銀藏和別人一樣喜歡錢，可是君子愛財，取之有道。如果心中只有錢的話，那麼是川銀藏就不該把住友礦山的鄰旁礦區以原價轉讓，那塊地遲早要漲到三十億、四十億日圓。

可是，是川銀藏是託住友礦山公司之福，才得以賺到鉅額的股價差益，因此是川銀藏打從買下那塊地之時，就決定不賺分文地轉讓給對方。

成為日本所得第一

股是有句名言：「行情達頂峰時，氣勢最強，在谷底時，氣勢最弱。」

住友金屬礦山股現在正以雷霆萬鈞的走勢，日日狂飆。市場原先看好目標價一千日圓，一下子改成看好三千日圓。

「這一次，絕對不能和做同和礦業股時一樣，被貪欲衝昏了頭而慘遭失敗。」

在股市瀰漫著一片狂熱氣氛中，是川銀藏想起做同和礦業股時變成兔子的情形，不斷告誡自己要冷靜、冷靜、冷靜。

三月三十一日，住友金屬礦山股大漲五十一日圓，終於突破一千日圓大關，以一千零四十日圓收盤。是川銀藏看時機已到，便開始賣出持股。

住友金屬礦山股突破一千日圓大關以後，市場人氣有增無減，股價繼續盤高，因此，是川銀藏每天數百萬股地賣出，也如石沉大海，沒有任何影響。

自從突破一千日圓大關以來，十天之內，是川銀藏釋出了一千五百萬股。在往後的十天，是川銀藏將剩餘的股票全部順利出清，價格都在一千日圓以上。

一九八三年五月二日，各晚報的頭版刊出醒目標題：「是川銀藏所得全日本第一」。

大藏省（財政部）發表的一九八二年度高所得排行榜中，是川銀藏名列第一。過去的高所得榜首，不是如松下電器的松下幸之助等大企業家，就是擁有龐大土地的地主。因此是川銀藏躍居日本最高所得者之事，便成為巷議街談的絕佳題材。

是川銀藏的申報所得額為二十八億九千萬日圓。當然，絕大部分是來自於賣掉住友金屬礦山股的利潤。

是川銀藏知道所得最高的消息曝光後，傳播媒體一定會來爭相採訪。因此前一天便和妻子前往溫泉地隱遁。

這段期間，報章雜誌紛紛報導八十四歲的老人如何在短短半年間賺得二百億日圓。

「如果是法人機構或集團，或許有可能在股市賺這麼多錢，以個人之力而能做到如此，可說是空前的行情師。」

「八十四歲的老人，憑著頭腦與膽魂，創造了二百億日圓的資產。這不啻給退休者帶來希望。是川先生有行動力、有說服力，是前所未見的行情師。過去沒有這樣的人物，將來也很難再出現！」

周遭的朋友一遇見是川銀藏，就問：「當住友金屬礦山公司還在懷疑菱刈礦區是否真有大金脈時，你怎麼能料準確有大金脈？」

是川銀藏回答：「每個人終其一生，都會碰到二、三次的大好機會，能否把握住這千載難逢的良機，就得靠平常的努力與身心的磨練。理論與實踐的合一，再加上日夜的思考訓練，可以增加成功的機率。此外，在下重大決斷時，往往需要直覺，這個直覺不是來自天賦，而是來自無數次戰鬥所累積的經驗。」

夏物普稅制

是川銀藏的所得名列日本第一，但是千萬不要誤以為他就是大富翁。

因為在日本的嚴苛稅制下，是川銀藏賺的錢，全都繳稅繳光了。是川銀藏為了賺錢而做股票，結果的確是賺到了，然而當初卻沒看到大藏省埋下的陷阱——稅。

是川銀藏被迫繳了三十多億日圓的稅。

日本於一九五〇年開始實施夏物普（Shoup）稅制，其目的在榨乾國民的所得，不讓民間蓄積資金。例如所得稅加上住民稅，最高可以課到所得的百分之八十五。如果一個人賺的錢，百分之八十五要拿去繳稅，手中只剩百分之十五，那麼他到底為何而工作呢？

因此，聰明人就想盡辦法逃稅。但是，大藏省並非省油的燈。大藏省知道越是高所得者，越是逃稅能手。因此他們先按照你的所得申報額，課百分之八十五稅，然後再仔細調查，揪出漏報的所得。

是川銀藏根本不想獲得「所得日本第一」的榮銜。那是大阪國稅局查出是川銀藏於一九七七年至一九八一年的五年間，合計漏報二十八億日圓，要是川銀藏重新申報，才被逼出來的。

所得稅的稅率雖然最高不會超過百分之八十五，可是漏報而被查知的話，除了必須補繳漏報的稅外，還得繳過少申報稅與滯納利息稅。是川銀藏就是因為漏報被查覺，最後繳了百分之九十的稅。換言之，每賺一億日圓，就得繳九千萬日圓的稅。這當然是自作自受，可是如此高的稅率，老實報稅的話，再怎麼會做股票，也留不住多少財產。

是川銀藏簡直是為了繳稅而拼命研究經濟、做股票。一九九〇年，是川銀藏把位於大阪的一塊三千坪土地，以二十九億日圓賣掉，為的是要補繳過去滯納的稅金。結果，繳完稅後，二十九億日圓只剩下六千萬日圓。是川銀藏不禁懷疑，到底是為了什麼而賺錢？越想越覺得自己是傻瓜。而且到了第二年，大藏省又會對賣掉土地所得的二十九億日圓課稅。

誠備集團炒作股票

在六十多年的投資生涯裡，是川銀藏最討厭那些為了賺錢而不惜坑害他人的作手。

一九八〇年左右，誠備集團在股市嶄露頭腳，被市場人士譽為「東京股市的風雲兒」。

當時，一般散戶普遍對上市公司及四大證券商控股市的情形極為不滿，誠備集團便以「散戶不應任人宰割」為訴求，向散戶籌集大量資金，進行炒作。

如果誠備集團買進的是值得投資的好股票，那也就罷了，可是他們買進的偏偏都是一無是處的爛股，只因為這些爛股資本額小，容易炒作。

例如，他們於一九七八年開始炒作丸善百貨股，從四百零二日圓起炒作到一九八〇年的二千二百日圓。宮地鐵工股從二百零一日圓炒作到一千五百三十日圓。諸如此類，前後炒作了十多支股票。

誠備集團明明知道這些全都是沒什麼價值的股票，卻硬將股價拉高，引誘投資人融券放空，然後全力買進，演出軋空行情，逼迫放空的投資人以高價買回。這就是誠備集團的一貫手法。

是川銀藏知道這種邪門左道的做股票手法不可能長久持續下去，可是在他們破滅之前，卻會一直在股市坑害無辜的投資人。

有一回，他們炒作的資金用罄，因而找上是川銀藏，要是川銀藏加入他們的行列，但是是川銀藏怎會助紂為虐呢？自然是一口回絕，而且還決定給他們一記痛擊。

是川銀藏從股票抵押數量急速增加，判斷對方的資金已經後繼無力，便針對對方炒作的股票進行放空。

對是川銀藏而言，這是一場小規模的戰鬥，可是卻戰果輝煌，賺了大約六十億日圓。

投資股票一定要堂堂正正，問心無愧。為了自己的利益而不惜坑害大眾的作手，最後必然不得善終。

投資五原則

對於股市投資人，是川銀藏有兩個忠告。

第一個忠告是，投資股票必須在自有資金的範圍內進行。

「沒有現金也沒關係，一定會賺！」

證券公司再怎麼以此類的甜言蜜語引誘你，也千萬不可去做融資、融券。

在現行的交易制度下，投資人可用一百萬日圓現金買進股票後，再將這些股票拿去抵押，做融資；市價一百萬日圓的股票，評價額為其百分之七十，即七十萬日圓，投資人便可以此代替保證金，買進其二倍，亦即一百四十萬日圓的股票。

換言之，以自有資金一百萬日圓，加上融資的一百四十萬日圓，總計可買進二百四十萬日圓的股票。結果，只要股價上漲百分之十，相對本錢一百萬日圓而言，便可賺到百分之二十四。

這就是證券公司的賣點。

問題是，股價有漲也有跌。下跌的幅度稍大，就會被追繳保證金，若不繳，就會被證券公司斷頭。當然，下跌時趕緊出脫就沒事了。可是連股市專家都很難判斷何時該賣，何況是一般投資人？而且，證券公司的營業員還會對你說：「這種時候能夠堅定信念，不殺低的投資人，才會賺錢。」

「既然跌了這麼多，與其忍痛殺出，倒不如加碼買進，降低平均成本。這樣，行情回升後，賺得更多。」

於是在營業員三寸不爛之舌的勸說下，股票越買越多，風險也越來越大。

第二個忠告是，不要一看到報章雜誌刊出什麼利多題材，就一頭栽進去。

單聽別人的意見，或只看報章雜誌的報導就想賺錢，這樣的心態本身就是失敗的根源。自己不下功夫研究，只想在上班之餘，看看報章雜誌有何利多題材，以供買進股票之依據。這樣不可能成功。天下豈有如此美事？

真的想要在股市賺錢的話，就得注意經濟的動向。只要擁有一般程度的經濟知識，誰都辦得到。何況判斷的資料大多出現在每天的報紙上，極為方便。

掌握到大的經濟趨勢後，再參考「四季報」，仔細比較各家上市公司的財務狀況、獲利能力等，從裡面挑選你認為最好的公司，買進其股票。

以山作比喻，理想的買點自然是在離山谷不遠的地方開始買進，然後耐心等待勝利的來臨。

自己收集資訊、在低價買進、耐心等待，這是投資股票的祕訣。

最後，是川銀藏把他一生的投資經驗，整理成「投資五原則」，提供給大家參考。

一、選股票不要靠人推薦，要自己下功夫研究後選擇。

二、自己要能預測一、二年後的經濟變化。

三、每支股票都有其適當價位，股價超越其應有水準時，切忌追高。

四、股價最後還是得由其業績決定，作手硬做的股票千萬碰不得。

五、任何時候都可能發生難以預料的事件，因此必須記住，投資股票永遠有風險。

BIG 373

股市之神：是川銀藏投資準則與傳奇一生

作　者—呂理州
責任編輯—陳萱宇
主　編—謝翠鈺
封面設計—陳文德
美術編輯—菩薩蠻數位文化有限公司
資深企劃經理—何靜婷

董事長—趙政岷
出版者—時報文化出版企業股份有限公司
108019台北市和平西路三段二四〇號七樓
發行專線—（〇二）二三〇六六八四二
讀者服務專線—〇八〇〇二三一七〇五
（〇二）二三〇四七一〇三
讀者服務傳真—（〇二）二三〇四六八五八
郵撥—一九三四四七二四時報文化出版公司
信箱—一〇八九九　台北華江橋郵局第九九信箱

時報悅讀網—http://www.readingtimes.com.tw
法律顧問—理律法律事務所　陳長文律師、李念祖律師
印　刷—勁達印刷有限公司
初版一刷—二〇二一年十月十五日
初版三刷—二〇二四年一月十五日
定　價—新台幣二八〇元

時報文化出版公司成立於一九七五年，
並於一九九九年股票上櫃公開發行，於二〇〇八年脫離中時集團非屬旺中，
以「尊重智慧與創意的文化事業」為信念。

股市之神：是川銀藏投資準則與傳奇一生 / 呂理州著.
-- 初版. -- 臺北市：時報文化出版企業股份有限公司,
2021.10
面；　公分. -- (BIG ; 373)
ISBN 978-957-13-9498-5(平裝)

1. 是川銀藏 2. 投資 3. 傳記

783.18　　110015797

ISBN 978-957-13-9498-5
Printed in Taiwan